Haifa Belhadj

Décodage itératif conjoint source-canal

Haifa Belhadj

Décodage itératif conjoint source-canal

Application à un système de transmission d'images

Éditions universitaires européennes

Mentions légales / Imprint (applicable pour l'Allemagne seulement / only for Germany)
Information bibliographique publiée par la Deutsche Nationalbibliothek: La Deutsche Nationalbibliothek inscrit cette publication à la Deutsche Nationalbibliografie; des données bibliographiques détaillées sont disponibles sur internet à l'adresse http://dnb.d-nb.de.
Toutes marques et noms de produits mentionnés dans ce livre demeurent sous la protection des marques, des marques déposées et des brevets, et sont des marques ou des marques déposées de leurs détenteurs respectifs. L'utilisation des marques, noms de produits, noms communs, noms commerciaux, descriptions de produits, etc, même sans qu'ils soient mentionnés de façon particulière dans ce livre ne signifie en aucune façon que ces noms peuvent être utilisés sans restriction à l'égard de la législation pour la protection des marques et des marques déposées et pourraient donc être utilisés par quiconque.

Photo de la couverture: www.ingimage.com

Editeur: Éditions universitaires européennes est une marque déposée de
Südwestdeutscher Verlag für Hochschulschriften GmbH & Co. KG
Heinrich-Böcking-Str. 6-8, 66121 Sarrebruck, Allemagne
Téléphone +49 681 37 20 271-1, Fax +49 681 37 20 271-0
Email: info@editions-ue.com

Produit en Allemagne:
Schaltungsdienst Lange o.H.G., Berlin
Books on Demand GmbH, Norderstedt
Reha GmbH, Saarbrücken
Amazon Distribution GmbH, Leipzig
ISBN: 978-3-8381-8328-2

Imprint (only for USA, GB)
Bibliographic information published by the Deutsche Nationalbibliothek: The Deutsche Nationalbibliothek lists this publication in the Deutsche Nationalbibliografie; detailed bibliographic data are available in the Internet at http://dnb.d-nb.de.
Any brand names and product names mentioned in this book are subject to trademark, brand or patent protection and are trademarks or registered trademarks of their respective holders. The use of brand names, product names, common names, trade names, product descriptions etc. even without a particular marking in this works is in no way to be construed to mean that such names may be regarded as unrestricted in respect of trademark and brand protection legislation and could thus be used by anyone.

Cover image: www.ingimage.com

Publisher: Éditions universitaires européennes is an imprint of the publishing house
Südwestdeutscher Verlag für Hochschulschriften GmbH & Co. KG
Heinrich-Böcking-Str. 6-8, 66121 Saarbrücken, Germany
Phone +49 681 37 20 271-1, Fax +49 681 37 20 271-0
Email: info@editions-ue.com

Printed in the U.S.A.
Printed in the U.K. by (see last page)
ISBN: 978-3-8381-8328-2

A mes chers parents Naçeur et Férida

A mon cher mari Maher

A mes adorables enfants Rayen et Meriam

A mes chers frères Haithem et Seifeddine

A ma chère soeur Besma

A toute ma famille

Remerciements

Ce travail a été réalisé au sein du laboratoire Systèmes de Communications (Sys'COM) de l'Ecole Nationale d'Ingénieurs de Tunis, dans le cadre du projet de mastère.

Je tiens à remercier et à exprimer toute ma gratitude à mon encadrante, Madame Sonia Zaïbi Ammar, maître assistante à l'ENIT, pour sa bienveillance, son exigence de rigueur et ses conseils éclairés qui m'ont été très précieux.

Je remercie très vivement Monsieur Ammar Bouallègue, professeur à l'ENIT et directeur du laboratoire Sys'Com, pour ses conseils et critiques. Je suis très touchée par ses compétences scientifiques et ses qualités humaines.

Je remercie également les membres de jury pour l'attention qu'ils ont accordé à l'examen de ce travail.

Mes remerciments les plus chaleureux s'adressent à mes parents pour l'encouragement, l'amour et l'éducation qu'ils ont su me donner.

Je suis très reconnaissante à mon mari Maher, qui m'a énormément aidé et soutenu tout le long de ce travail.

Résumé

Ce projet de mastère a été consacré à l'étude et l'implémentation d'un algorithme de décodage itératif conjoint source-canal estimant les statistiques de la source et fonctionnant selon le principe des turbo-codes ; une application à un système de transmission d'images étant envisagée. Dans le cadre de cette étude, nous avons commencé par comparer les performances d'une chaîne de transmission avec décodage conjoint source canal (sans codage correcteur d'erreurs) à celles d'une chaîne classique, dans le cas d'une source gaussienne markovienne corrélée. Le décodage conjoint a été réalisé en utilisant l'algorithme de Baum-Welch qui estime les statistiques de la source au niveau du décodeur. Un gain significatif en performances a été observé. Nous avons ensuite appliqué cette technique à un système de transmission d'images, basé sur une décomposition en ondelettes de l'image source suivi d'un codage DPCM de la sous-bande des plus basses fréquences (BBF) et d'un codage SPIHT des sous bandes des hautes fréquences (BHFs). Notons que le schéma de décodage conjoint considéré a été uniquement appliqué aux données issues du codage DPCM de la BBF. Les résultats de simulation ont montré, que par estimation des statistiques de la source, on peut se rapprocher modérément des performances obtenues avec connaissance parfaite de ces statistiques. Par ailleurs, un gain significatif en performances a été observé pour la BBF. Cependant, ce gain ne s'est manifesté sur la totalité de l'image que pour un canal relativement perturbé.

Nous avons alors introduit un code convolutif récursif systématique dans les systèmes de transmission étudiés, et réalisé un schéma de décodage itératif conjoint source-canal, estimant les statistiques de la source. Les résultats de simulation ont montré que ce schéma permet d'obtenir un gain considérable en performances par rapport à un schéma de décodage classique, et ce, dans le cas d'une source gaussienne markovienne et dans le cas du système de transmission d'images considéré. En effet, les performances obtenues avec estimation sont relativement proches de celles obtenues avec connaissance parfaite des statistiques de la source.

Mots clés : Décodage Conjoint Source Canal, Algorithme de Baum-Welch, Code Convolutif, Turbo Code, Décomposition en Ondelettes, DPCM, SPIHT.

Table des matières

Table des figures

Introduction générale

L'un des objectifs poursuivis en télécommunication est d'améliorer la qualité de transmission et de réduire l'effet des perturbations introduites par le canal. Pour atteindre ces buts, les travaux théoriques de Shannon, établis en 1948, suggèrent de concevoir indépendamment les codages de source et de canal, et prédéfinissent une limite théorique pour laquelle le canal peut transmettre avec une probabilité d'erreur résiduelle arbitrairement petite. Cependant ces résultats ne sont vrais que sous les hypothèses asymptotiques de codage parfait, qui ne sont pas vérifiées dans la pratique. C'est dans ce contexte, que les techniques de codage/décodage conjoint source-canal ont été introduites. Elles conçoivent et optimisent conjointement le codage de source et de canal en tenant compte des imperfections introduites par chacun.

En 1994, les chercheurs Glavieux et Berrou ont introduit une nouvelle technique itérative de décodage, dite " Turbo "[12], permettant de s'approcher le plus possible de la limite théorique de Shannon. En raison des performances qu'elles apportent, les techniques de décodage itératif de type " turbo ", sont récemment étendues à de nombreux domaines de communication numérique dont le décodage conjoint source-canal.

Nous avons déjà mené une étude [7] qui nous a permis de constater que l'application d'un algorithme de turbo décodage conjoint source-canal, dans le cas d'une source gaussienne markovienne, et avec connaissance parfaite des statistiques de la source, permet d'obtenir un gain considérable en performances en comparaison avec un schéma de décodage classique. Cependant, l'hypothèse de connaissance parfaite par le décodeur, des statistiques de la source, n'est pas toujours réalisable en pratique. Ce projet de mastère a pour objet l'intégration d'une estimation des statistiques de la source au sein de l'algorithme de décodage itératif conjoint source-canal, et l'application de cet algorithme à un système de transmission d'images fixes.

Le présent rapport comporte trois chapitres.

Le premier chapitre présente les éléments de base d'une chaîne de transmission numérique et rappelle quelques résultats de la théorie de l'information, ainsi que quelques méthodes de codage de source et de canal.

Le second chapitre introduit le décodage conjoint source-canal. L'algorithme de Baum-Welch reposant sur le critère de décodage à maximum de vraisemblance a posteriori et estimant les statistiques de la source est utilisé pour exploiter la corrélation de la source et améliorer les performances du décodeur. Ce schéma est appliqué, dans un premier temps, à une source gaussienne markovienne, puis à un système de transmission d'images, basé sur une décomposition en ondelettes de l'image source suivi d'un codage DPCM de la sous-bande des plus basses fréquences et d'un codage SPIHT des sous bandes des hautes fréquences.

Le principe de turbo décodage est utilisé dans le troisième chapitre, afin de réaliser un algorithme de décodage itératif conjoint source-canal, estimant les statistiques de la source et permettant de reconstituer un signal de qualité croissante au fil des itérations. Les performances de ce schéma sont évaluées dans le cas d'une source gaussienne markovienne, et dans le cas du système de transmission d'images considéré.

Chapitre 1

Communications numériques et quelques méthodes de codage

1.1 Introduction

Le but des communications numériques est de transmettre des données binaires de façon fiable sur un canal bruité. Chaque élément de cette chaîne joue un rôle bien déterminé guarantissant un maximum de fiabilité ; le codeur de source permet d'économiser la bande passante, le codeur de canal protège les symboles transmis contre les perturbations rencontrés sur le canal.

Ce chapitre sera consacré à l'étude des différents éléments qui constituent une chaîne de transmission numérique. Un rappel des bases de la théorie de l'information sera présenté. Les méthodes de compression des données et de codage de canal utilisées lors de ce projet, seront exposées.

1.2 Eléments d'une chaîne de transmission numérique

Le schéma de principe d'une chaîne de transmission numérique est représenté sur la figure 1-1. Un tel système relie, par l'intermédiaire d'un canal, une source de données à un destinataire afin de lui transmettre un message. Nous décrirons dans ce qui suit, les différents éléments qui constituent une telle chaîne.

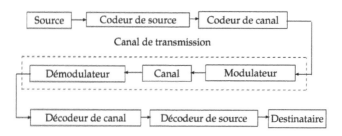

FIGURE 1.1 – *Synoptique d'une chaîne de transmission numérique*

1.2.1 Source de messages numériques

La source de messages numérique fournit de l'information sous forme de symboles. Les symboles appartiennent à un certain alphabet A. Par exemple, l'alphabet binaire est généralement A={0,1}. Les symboles provenant de la source d'information sont traités par un codeur de source [1].

1.2.2 Le codage de source

Le principe du codage de source consiste à transcrire le message en symboles utilisés par le canal. Il permet le passage de l'alphabet de la source à l'alphabet du canal tout en assurant une bonne utilisation du canal [2].

Le codage de source permet de représenter les données de façon plus compacte (compression de données). A la sortie du codeur de source, les symboles sont groupés en blocs appelés mots de source [1]. Il s'agit de réaliser l'adaptation statistique de la source au canal.

1.2.3 Le codage de canal

Les symboles sont ensuite traités par le codeur de canal qui transforme la séquence des symboles formant le mot de source en une séquence appelée mot de code.

Le codage de canal, appelé aussi codage correcteur d'erreurs, joue un rôle très important. C'est l'élément principal permettant de combattre les erreurs de transmission résultant des perturbations du canal physique, ou en d'autres termes d'assurer un TEB (Taux d'Erreur Binaire) faible sous la contrainte de puissance d'émission [3].

1.2.4 Le canal de transmission

On considère le canal de transmission constitué par l'ensemble modulateur, démodulateur et milieu de transmission.

Le mot de code est une nouvelle séquence de symboles plus longue que le mot de source et ayant plus de redondance. Le modulateur placé après le codeur de canal convertit chaque symbole du mot de code en un signal analogique choisi dans un ensemble fini de signaux [1].

Le milieu de transmission désigne le support physique sur lequel se propagent les signaux délivrés par le modulateur [4]. Il peut être un câble coaxial, une liaison radioélectrique, une fibre optique ou un support d'enregistrement comme la bande magnétique. La suite des signaux analogiques est transmise sur ce canal. Le signal émis doit être adapté aux contraintes imposées par le canal de transmission, en particulier, il ne doit occuper que la bande de fréquences permise [2].

Les signaux reçus diffèrent des signaux émis à cause du bruit et des distorsions rencontrées sur le canal. Le démodulateur effectue une opération de détection en transformant les signaux reçus en une suite de symboles. Un symbole détecté est la meilleure estimation faite par le démodulateur du signal émis. Le démodulateur commet parfois des erreurs d'estimation puisque le signal reçu est entaché de bruit. La séquence des symboles après démodulation s'appelle mot reçu. Les erreurs font que les symboles du mot reçu ne ressemblent pas toujours à ceux du mot de code.

1.2.5 Le décodeur de canal

Le décodeur de canal utilise la redondance contenue dans un mot de code pour corriger les erreurs dans le mot reçu et fournir une estimation du mot de source. L'estimation est égale au mot de source si le décodeur de canal arrive à corriger toutes les erreurs. Une séquence peut être décodée soit à partir des décisions fermes prises par le récepteur, conduisant à une perte irréversible de l'information, soit à partir des échantillons analogiques (décisions pondérées). Cette dernière solution, qui permet au décodeur d'exploiter au mieux l'information disponible en sortie du récepteur, a été utilisée par des algorithmes de décodage de type probabiliste. Nous étudierons dans le chapitre suivant, le principe de fonctionnement de l'un de ces algorithmes qui est celui de Baum Welch.

1.2.6 Le décodeur de source

Le décodeur de source délivre l'information à l'utilisateur en inversant l'opération du codeur de source.

Dans ce qui suit, nous rappellerons quelques principes de la théorie de l'information.

1.3 Quelques résultats en théorie de l'information

Les fondements de la théorie de l'information furent développés par Claude Shannon en 1948. Celui ci créa des outils de mesure d'information, via des considérations probabilistes du message et du canal de transmission.

Nous allons présenter dans ce qui suit, quelques éléments fondamentaux de la théorie de l'information et du codage.

1.3.1 Mesures d'Information Shannoniennes

On considère des sources discrètes à alphabet fini et des canaux discrets dont les alphabets d'entrées et de sorties sont finis. Soit X une variable aléatoire discrète à valeurs dans un espace d'épreuves à n éléments, soit x_i une réalisation de cette variable aléatoire, $i \in 1....n$. On note $p(x_i) = p[X = x_i]$ la probabilité que x_i se réalise [5].

On appelle quantité d'information intrinsèque associée à la réalisation d'un événement x_i :

$$h(x_i) = -\log[\mathrm{p}(x_i)] \tag{1.1}$$

exprimée en Sh : Shannon (correspond à un logarithme de base 2). Plus un événement est rare plus il apporte de l'information lorsqu'il se réalise.

L'entropie de la variable aléatoire X [5], permet de mesurer la quantité d'information moyenne associée à cette variable, elle est définie par :

$$H(X) = -\sum_{i=1}^{n} \mathrm{P}(x_i) \log_2[\mathrm{p}(x_i)] \tag{1.2}$$

Considérons deux variables aléatoires X et Y à valeurs dans deux espaces d'épreuves distincts. On associe au couple d'événements $(X = x_i, Y = y_j)$, $j \in 1..m$, la quantité d'information conjointe :

$$h(x_i, y_j) = -\log_2[\mathrm{P}(x_i, y_j)] \tag{1.3}$$

où $P(x_i, y_j)$ est la probabilité conjointe des deux évenements $X = x_i$ et $Y = y_j$.

Une autre mesure importante concernant la quantité d'information est la quantité d'information mutuelle associée à la réalisation de deux événements x_i et y_j :

$$i(x_i, y_j) = -\log_2[\mathrm{P}(x_i)|\mathrm{P}(x_i|y_j)] \tag{1.4}$$

On définie l'information mutuelle moyenne entre X et Y, en interprétant X comme le signal d'entrée d'un canal discret bruité et Y comme le signal reçu à la sortie de ce canal [4] :

$$I(X;Y) = -\sum_{i=1}^{n}\sum_{j=1}^{m} \mathrm{P}(x_i, y_j)\log_2[\mathrm{P}(x_i)\mathrm{P}(y_j)/\mathrm{P}(x_i, y_j)] \tag{1.5}$$

On peut facilement montrer que : $I(X;Y) = H(X) - H(X|Y) = H(Y) - H(Y|X)$

1.3.2 Source d'information

On appelle source d'information tout système capable de sélectionner et d'émettre des séquences de symboles appartenant à une alphabet donnée. Si l'alphabet est fini on parle d'une source discrète.

Dans ce qui suit, nous donnerons une description concise des propriétés d'une source d'information sans mémoire et markovienne. Ces modèles de sources seront utilisés dans cette étude.

Source discrète sans mémoire

Une source discrète est dite sans mémoire lorsque les symboles sont indépendants les uns des autres, mais peu de sources réelles vérifient cette condition. Soit une source d'information X dont l'alphabet comprend n symboles $\{x_1, ..., x_n\}$ indépendants. Soit p_i la probabilité d'émission de x_i avec $\sum_{i=1}^{n} p_i = 1$. La quantité d'information moyenne associée à chaque symbole de la source X est :

$$H(X) = -\sum_{i=1}^{n} p_i \log_2(p_i) \tag{1.6}$$

L'entropie $H(X)$ atteint sa valeur maximale, pour n fixé, lorsque les symboles émis sont équiprobables.

Source de Markov

Ce modèle de source est le plus réaliste. Il s'applique à de nombreux cas pratiques. Il tient compte de la dépendance entre un symbole émis et celui ou ceux qui l'ont précédé. On parle d'une source de Markov d'ordre m lorsqu' un symbole émis dépend des m symboles qui l'ont précédé. En considérant la probabilité d'apparition du symbole x_i connaissant la séquence S des m symboles qui l'on précédé, on peut déterminer l'entropie de X conditionnellement à la séquence S.

$$H(X/S) = -\sum_{i=1}^{n} p(x_i/S) log_2[p(x_i/S)] \tag{1.7}$$

Nous utiliserons, dans la suite, une telle source. Le codeur de source étant imparfait, il subsiste une redondance résiduelle due à la non indépendance des variables aléatoire générées par la source. Nous allons voir que cette redondance peut être utilisée pour la correction des erreurs de transmission.

Avant de passer à la description de quelques modèles de canaux de transmission, il convient d'introduire le premier théorème de Shannon :

Théorème de codage de source : Pour toute source stationnaire, il existe un procédé de codage déchiffrable où la longueur moyenne $\bar{l}$ des mots de code est aussi voisine que l'on veut de sa borne inférieure $\frac{H}{log_2(q)}$.

Plus généralement, le théorème fondamental du codage de source stipule l'existence d'un débit d'information par message R_s^*(exprimé en nombre de symboles q-aires par message de source) vers lequel on peut tendre, mais en dessous duquel on ne peut pas comprimer d'avantage une source d'information.

1.3.3 Notion de canal

Modèles de canaux de transmission

Il existe deux types de canaux de transmission, les canaux sans mémoire et les canaux avec mémoire. Dans la suite de notre étude, nous utiliserons deux modèles de canaux sans mémoire : le canal binaire symétrique et le canal gaussien.

Canal binaire symétrique : Le canal binaire symétrique est un canal discret sans mémoire dont les alphabets d'entrées et de sorties sont finis et égaux à '0'ou '1'. Il est caractérisé par ses probabilités de transition :

$$P(y = 0|x = 1) = P(y = 1|x = 0) = p$$

$$P(y = 1|x = 1) = P(y = 0|x = 0) = 1 - p \tag{1.8}$$

où p est la probabilité d'erreur binaire sur le canal. On désigne par X l'élément binaire d'entrée qui peut prendre les valeurs 0 et 1 et par Y l'élément binaire de sortie qui prend la valeur de X avec la probabilité $(1-p)$ et la valeur complémentaire avec la probabilité p. Le modèle d'un canal binaire symétrique est donné par la figure 1-2 :

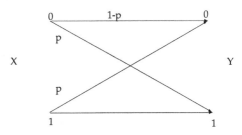

FIGURE 1.2 – *Modèle d'un canal binaire symétrique*

Canal gaussien :   Le canal de Gauss est le canal sans mémoire, le plus utilisé pour la simulation des transmissions numériques. Il est caractérisé par un bruit blanc additif gaussien. L'entrée de ce canal est une variable aléatoire discrète à valeurs dans un alphabet fini, alors que la sorite est modélisée par une variable aléatoire continue à valeurs dans $\mathbb{R}$.

La sortie du canal gaussien est décrite par l'échantillon reçu $Y = X + B$ où b est un bruit réel additif blanc gaussien de variance σ^2 et X est la variable d'entrée du canal. La densité de probabilité $P(y/x)$ de la sortie y du canal pour une entrée x est donnée par :

$$\mathrm{P}(y|x) = \frac{1}{\sigma\sqrt{2\pi}} \exp(-\frac{\parallel x - y \parallel^2}{2\sigma^2}) \tag{1.9}$$

où $\parallel \parallel$ désigne la norme Euclidienne [4].

Pour une modulation BPSK sur un canal de Gauss, la probabilité d'erreur sur le canal s'écrit en fonction de l'énergie moyenne reçue par élément binaire d'information émis, de la manière suivante [10] :

$$p = \frac{1}{2} erfc \sqrt{\frac{E_b}{N_0}} \tag{1.10}$$

où

– E_b : énergie moyenne reçue par élément binaire codé.

– N_0 : densité spectrale de puissance du bruit.

Capacité d'un canal : Shannon a définit la capacité d'un canal de transmission comme étant la plus grande quantité d'information qu'il est capable de transmettre de manière fiable. Cette capacité est définit par :

$$C = \max_{p_X}\{I(X;Y)\} \tag{1.11}$$

où

- $X = x_1, ..., x_J$: alphabet de l'entrée du canal ;
- $Y = y_1, ..., y_k$: alphabet de la sortie du canal ;
- $P(y_k/x_j)$:probabilités de transition du canal.

Théorème de codage de canal : Dans son article de 1948, Shannon a montré que pour tout canal à entrée discrète sans mémoire, il est possible de transmettre un message numérique avec une probabilité d'entrée aussi faible que l'on veut, à condition que le débit des données Ds(bit/s) soit inférieur à la capacité C(bit/s) du canal.[2]

Le débit Ds est défini comme le nombre moyen de symboles émis dans le canal par message de source. Donc si un canal de transmission génère des erreurs de transmission, il est tout de même possible de trouver une manière de coder les messages émis en leur rajoutant suffisamment de redondance de sorte qu'on puisse retrouver le message émis sans erreur. Ce théorème ne dit pas comment construire un tel code. Le problème des spécialistes des codes correcteurs d'erreurs est de trouver des méthodes de codage qui se rapprochent autant que possible de la borne de Shannon.

Théorème de séparation : Le théorème de séparation de Shannon établit que le débit source/canal global peut tendre vers une limite infranchissable avec un système où le codage de source et de canal sont séparés, tout en garantissant une fiabilité de transmission presque parfaite[4].

Ce théorème est bien réalisable théoriquement, cependant dans la pratique bien des points ne sont pas assez simples. En effet, le théorème ne considère pas la faisabilité de ces codeurs/décodeurs. Aucune contrainte n'est en effet supposée sur les longueurs des codes utilisés. Elles peuvent donc croître indéfiniment, et engendrer un délai de transmission ainsi qu'une complexité des codeurs et décodeurs inacceptables dans la pratique [6].

Pour cette raison, de nombreux chercheurs ont orienté leurs travaux vers le codage conjoint source canal, assurant des performances proches de celles de la théorie avec une complexité réduite.

1.4 Méthodes de compression des données

Les méthodes de compression de l'information ou de codage de source sont réparties en deux classes : les codeurs avec pertes et les codeurs sans pertes. Dans la suite, nous donnerons une brève description de ces méthodes.

1.4.1 Codage sans pertes

Ce type de codage permet une restitution parfaite de l'information initiale au niveau du décodeur.

Codage à longueur fixe : Les N symboles de l'alphabet de la source sont codés par des mots de longueur fixe (nombre de bits constant). Cette longueur est supérieure ou égale à $\log_2(N)$. Ce codage ne peut être optimal que si les symboles de la source sont indépendants et équiprobables et que N est une puissance de 2.

Codage entropique : Le codage entropique consiste à coder les symboles qui ont une probabilité d'apparition forte avec de mots de longueur plus faible que les symboles qui ont une probabilité d'apparition faible. Les méthodes les plus connus de codage entropique sont le code de Shannon, le code de Huffman appelé encore Code à Longueur Variable (VLC) et le code arithmétique [4].

1.4.2 Codage avec pertes

Lorsque la capacité du canal est inférieure à l'entropie de la source, il est nécessaire d'effectuer une compression avec perte pour vérifier les conditions du théorème du codage de canal. On parle encore de codage à réduction d'entropie. Les méthodes les plus courantes de compression de ce type sont basées sur un principe de représentation de l'alphabet de la source par un alphabet dit de reproduction, qui garantit que la distorsion introduite ne dépasse pas un seuil donné [4].

1.4.3 Quelques mèthodes de codage avec perte

La quantification scalaire

Considérons une source discrète sans mémoire caractérisée par une variable aléatoire X, à valeurs dans un intervalle $[\alpha, \beta]$. L'opération de quantification consiste à représenter chaque réalisation de la variable aléatoire X par une valeur discrète prise dans un alphabet de reproduction. Pour définir un quantificateur, il faut partitionner l'intervalle $[\alpha,\beta]$ en $M = 2^b$ intervalles distincts $A_1, A_2, ..., A_M$ et définir un représentant par intervalle, noté $y_j (1 \leq j \leq M)$; M étant le nombre de niveaux de quantification et b la résolution du quantificateur. Une valeur x prise par la variable X est représentée par la valeur y_j si, et seulement si, $x \in A_i$.

Le codage par prédiction

Ce codage consiste à prédire le signal et coder l'erreur de prédiction. Mieux le signal sera modélisé, plus l'erreur de prédiction sera blanche. Cette erreur peut être à son tour décorrélée puis quantifiée et codée. Ce principe est à la base des techniques de compression par prédiction et codage différentiel, où le quantificateur agit sur la différence obtenue entre la valeur courante d'un échantillon de la source et la prédiction de celle-ci calculée en fonction des échantillons précédents (ou voisins dans le cas de l'image). Les techniques de codage DPCM (Différential Pulse Coded Modulation [15] figurent parmi les premières techniques de compression par prédiction et codage différentiel.

Le codage par transformation

L'appréciation de la pertinence de l'information contenue dans un signal est généralement difficile à réaliser si le signal en question est représenté dans le domaine temporel ou spatial (cas de l'image). L'application du codage par transformation consiste alors à effectuer des changements de représentation permettant de faciliter l'isolation de l'information la plus pertinente. Il existe différents types de transformations permettant de compacter l'énergie d'un signal dans un ensemble restreint de coefficients. Le quantificateur agit alors sur le signal transformé, ce qui entraîne une meilleure compression de signal d'origine. Parmi les transformations en ondelettes, en paquets d'ondelettes, etc... Dans ce projet, nous avons utilisé une transformation en ondelettes dont le principe sera donné au chapitre 2.

1.4.4 Outils de mesure de la qualité des images codées avec perte

Une image est un signal à deux dimensions représentant une scène à trois dimensions. Pour pouvoir stocker, traiter et/ou transmettre des images en exploitant les techniques modernes, il faut les numériser. La numérisation d'une image se décompose en deux étapes : un échantillonnage permettant de transformer le signal continu en une suite d'échantillons, appelés pixels, et une quantification permettant de représenter les valeurs réelles des échantillons par des valeurs discrètes qui constituent l'alphabet de la source. Pour des images noir et blanc (N et B), les pixels sont généralement quantifiés sur 256 niveaux, dits niveaux de gris. Chaque pixel est codé sur 8 bits. Une image numérisée n'est autre qu'une succession de pixels répartis en lignes et en colonnes. L'image qu'on va utiliser est l'image Lena composée de 512x512 pixels, codés chacun sur 8 bits, d'où un nombre total de bits égal à $512*512*8 \approx 2$ Mbits.

Des mesures de qualité pour l'image on été reprises telles que l'Erreur Quadratique Moyenne (EQM) et le rapport signal crête sur bruit PSNR (Peak Signal Noise Ratio). L'intérêt de ces mesures est de faciliter la comparaison des performances de différentes méthodes de traitement appliquées à des images identiques. Dans ce projet on va mesurer la qualité des images en terme du PSNR défini par :

$$PSNR = 10 log_{10}(\frac{G_{max}^2}{\frac{1}{N}\sum_{i=1}^{N}(x_i - \hat{x}_i)^2})(dB) \tag{1.12}$$

où x_i et $\hat{x}_i$ sont les pixels d'indice i de l'image originale et de l'image reconstituée, N est le nombre total de pixels et G_{max} est le niveau de gris maximum (dans le cas de l'image Lena, $G_{max} = 255$).

1.5 Principes des codes convolutifs et des turbo-codes convolutifs

Durant des années, les chercheurs en communication numérique, ont essayé de trouver un code correcteur d'erreur qui s'approche de la limite de Shannon. En 1991, Berrou et Glavieux ont inventé les turbo codes [14] qui ont révolutionné le domaine des codes correcteurs d'erreurs, et permis de se rapprocher des bornes théoriques. Ces codes combinent les principes de concaténation avec les algorithmes itératifs, consistant à itérer des "estimations souples" des quantités à décoder. Ils associent deux codes convolutifs (récursifs systématiques de préférence) concaténés parallèlement via un entrelaceur.

Nous allons donc introduire le principe des codes convolutifs et du turbo décodage itératif.

1.5.1 Les codes convolutifs

Cette famille de codes est sans doute actuellement la plus couramment rencontrée, notamment en raison de leur utilisation pour l'élaboration des turbo codes.

Principe

Les codes convolutifs constituent l'une des principales familles de codes correcteurs d'erreurs. Dans un code convolutif, chaque bloc de n éléments en sortie du décodeur dépend non seulement du bloc composé des k éléments positionnés à l'entrée du décodeur mais aussi des m blocs précédents. Si les k éléments d'information présents à l'entrée du décodeur sont respectivement transmis (c'est à dire apparaissent explicitement dans le bloc de n éléments), le code est dit systématique[9]. Le principe du codage convolutif est illustré par la figure 1-3 :

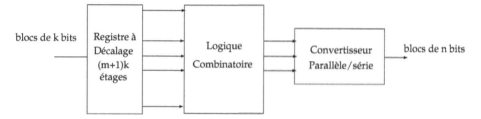

FIGURE 1.3 – *Principe d'un codeur convolutif de mémoire m et de rendement $\frac{k}{n}$*

Un codeur est constitué d'un registre à $(m+1)k$ étages qui mémorise les $(m+1)$ blocs de k éléments binaires d'information, d'une logique combinatoire qui calcule les blocs de n éléments binaires fournis par le codeur et d'un convertisseur parallèle série [11]. Les vecteurs ayant pour composantes les symboles de m blocs retardés constituent l'état du codeur. Ainsi un code convolutif $C(n,k,m)$ est caractérisé par k et n qui sont respectivement le nombre d'éléments binaires d'entrée et de sorties et m qui est le nombre de cellules mémoires. $K = m + 1$ et $R = k/n$, sont respectivement la longueur de contrainte et le rendement du code.

La représentation des codes convolutifs est une description mathématique ou graphique, équivalente au système, qui nous permet d'élaborer des algorithmes de décodage [2]. Un code convolutif est entièrement défini par la donnée de n séquences de (m+1) éléments binaires $(g_l^j)_{1 \le j \le n, 0 \le l \le m}$, dites séquences génératrices. Si d_i est le bit d'information présent à l'entrée du codeur à l'instant i, les n bits c_i^j qui lui correspondent en sortie du codeur sont alors donnés par :

$$c_i^j = \sum_{l=0}^{m} g_l^j d_{i-l} \, pour \, j = 1, ..., n. \tag{1.13}$$

Les séquences génératrices sont généralement exprimées en octal. On peut également définir un code convolutif à partir de ses n polynômes générateurs définis par : $G^j(D) = \sum_{l=0}^{m} g_l^j D^l$, $j = 1, ..., n$.

Le code convolutif devient récursif lorsque les polynômes générateurs sont remplacés par des fractions de deux polynômes. Ainsi, une partie de la sortie est réintroduite dans le registre à décalage selon des connexions définies par les polynômes situés au dénominateur. Il est possible ainsi de construire toute sorte de codes convolutifs récursifs. Parmi ces derniers, on cite les codes récursifs systématiques. Ces codes seront appelés RSC (Récursive Systematic Convolutional Codes). On peut obtenir un code convolutif récursif systématique par simple modification d'un code convolutif non récursif non systématique (NRNSC) [1]. (Pour plus de détail voir [7]).

Critères de décodage

Nous considérons un code binaire de longueur n, C l'ensemble des mots de codes $C = [c_0, ..., c_i, ..., c_{n-1}]$ et $r = [r_0, ..., r_i, ..., r_{n-1}]$ le vecteur des observations à l'entrée du décodeur. Le mot décidé par ce dernier est noté $\hat{c}$. Selon la nature de l'observation r_i (binaires ou réelles) et selon la nature de l'interface reliant le démodulateur au décodeur de canal, on peut distinguer deux types de décodage.

Le décodage à décisions fermes : On parle de décision ferme (hard decision) car, en réception, on est face à une décision sur la valeur du symbole transmis, plus généralement, on parle de démodulation hard lorsque le symbole décidé par le démodulateur appartient à l'alphabet des symboles émis [11]. Ainsi, le canal équivalent est à entrée et sortie discrète appartenant à l'alphabet des symboles.

Critère de maximum de vraisemblance _a posteriori_(MVP) : Un décodeur, fonctionnant selon ce critère cherche à maximiser la probabilité $P(c|r)$ sur l'ensemble des mots de code : $\hat{c} = argmax_{c \in C} P(c|r)$. Ce critère permet de minimiser la probabilité d'erreur par mot après décodage. Dans le cas d'un canal binaire symétrique (CBS) de probalilité d'erreur Pe, on a :

$$P(r|c) = Pe^{d_h(r,c)}(1 - Pe)^{n-d_h(r,c)} \qquad (1.14)$$

La probabilité du symbole reçu connaissant le symbole émis est donc une fonction décroissante de la distance de Hamming $d_h(r, c)$. Par conséquent ,le décodage ferme selon le critère de MVP revient à minimiser cette distance entre l'observation et le mot code [4].

Le décodage à décisions souples (pondérées) : L'approche par décision souple (soft decision) consiste à fournir au décodeur une valeur réelle ou quantifié sur un nombre fini de niveaux tenant compte du niveau de bruit. Cette information sur le bruit permet d'améliorer les performances du décodeur de canal [13]. Le message décodé est accompagné donc d'une information sur la fiabilité des symboles décodés.

Le démodulateur fournit au décodeur la probabilité *a posteriori* des symboles détectés ou leurs valeurs de confiance. Les performances du décodage à décisions souples dépassent largement celles du décodage à décisions fermes. Généralement, l'absence de valeurs de confiance à l'entrée du décodeur génère une perte de 2 à 3 dB environ sur un canal gaussien[1].

Critère de maximum de vraisemblance à posteriori (MVP) : C'est la même définition que précédemment sauf que pour le cas d'un canal gaussien la probabilité de l'observation sachant le mot émis se calcule par :

$$P(r|c) = (\frac{1}{2\Pi\sigma^2}) \exp(-\frac{d_e(r,c)^2}{2\sigma^2}) \qquad (1.15)$$

où $d_e(r,c) = \sqrt{\sum_{i=0}^{n-1}(r_i - c_i)^2}$ est la distance euclidienne entre r et c.

Critère du logarithme du rapport de vraisemblance : Pour appliquer ce critère, le décodage doit calculer pour chaque élément binaire codé c_i, le Logarithme du rapport de vraisemblance (LRV), défini par :

$$\Gamma(c_i) = \ln(\frac{P(c_i = 1|r)}{P(c_i = 0|r)}) \qquad (1.16)$$

Si $\Gamma(c_i) > 0$, le bit décidé est $\hat{c}_i = 1$, sinon $\hat{c}_i = 0$

1.5.2   Les Turbo codes convolutifs

L'idée est d'utiliser plusieurs séquences redondantes d'un même message, l'une étant calculée à partir du message original et l'autre à partir d'une version permutée de ce message.

La structure des turbo-codes résulte de la composition de deux ou plusieurs codeurs. Ces codeurs peuvent être de type convolutif récursif systématique (RSCC), convolutif classique (CC ou NRNSCC) ou codes en bloc. Cette composition est appelée concaténation. Les deux concaténations les plus connues sont celles qui sont réalisées en parallèle et en série. Il est possible de combiner ces deux modes, on parle alors de concaténation hybride. Mais cette dernière est décrite dans la littérature comme peu intéressante face au gain de performance déjà assuré par les modèles simples. Dans tous les cas les codeurs sont reliés par des entrelaceurs (interleaver).

Cette partie est consacrée à la description de la technique de turbo décodage itératif et l'évaluation de ses performances.

Le Turbo décodage itératif

Un turbo décodeur possède autant de décodeurs que le nombre de codeurs ayant permis la fabrication du mot de code. La connexion de ces décodeurs respecte le schéma de concaténation des mots de codes. Par contre pour le turbo décodage, il est nécessaire de réaliser non seulement les opérations d'entrelaçage, mais aussi celles de désentrelaçage des données [3].

Le turbo décodeur reçoit les observations en provenance du canal et estime le message émis en calculant les probabilités d'exactitude bit à bit. L'estimation du message issu du premier décodeur est utilisée comme information d'entrée pour le second décodeur, et l'estimation du message effectuée par le second décodeur est envoyée au premier (ou au suivant), et ainsi de suite. Le décodage s'arrête au bout d'un nombre fixe d'itérations. Cependant, ces informations doivent être de nature extrinsèque pour que le système itératif fonctionne dans des conditions optimales.

Information intrinsèque et information extrinsèque : Dans un système de décodage à entrées et sorties pondérées "SISO"(Soft In, Soft Out), les informations utilisées lors du décodage sont en général de nature pondérée. Une information intrinsèque (*a priori*) peut être exploitée afin de donner une idée *a priori* sur les bits d'informations présents à l'entrée du décodeur [14].

En plus de l'information décodée, le décodeur à sorties pondérées délivre une information supplémentaire, obtenue à partir de tous les autres bits codés dans la séquence code. Cette information est dite information extrinsèque. Elle peut être vue comme un terme de correction qui affirme l'information à l'entrée de façon à minimiser la probabilité d'erreur au décodage [9]. L'information extrinsèque est très importante dans le décodage turbo car elle permet de faire circuler le terme de correction d'un décodeur à un autre.

La sortie du décodeur est définie de la même manière que le logarithme du rapport de vraisemblance à posteriori des différents bits de la séquence transmise. Ainsi un décodeur

SISO reçoit les valeurs *a priori* pour tous les bits d'information, si elles existent, et les sorties pondérée du canal pour tous les bits codés, et il délivre à sa sortie les valeurs soft pour tous les bits d'information et les valeurs extrinsèques qui seront éventuellement exploitées [9]. La figure 1-4 présente le principe d'un turbo décodage.

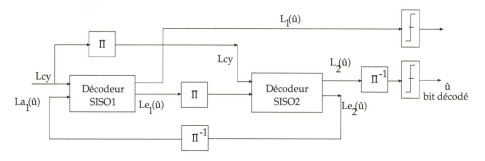

FIGURE 1.4 – *Principe d'un turbo décodeur(Π :entrelaceur)*

Dans cette figure, on désigne par :

– *La* :valeur de l'information à priori pour tous les bits d'information (nulle si non disponible) ;

– L_cy : sortie pondérée du canal pour tous les bits codés ; avec $L_c = \frac{2}{\sigma^2}$ appelé valeur de fiabilité du canal ;

– *Le* : valeur extrinsèque pour tous les bits informations ;

– *L* :valeur à posteriori de tous les bits informations.

L'information en sortie du canal attaque l'entrée du premier décodeur. Les deux décodeurs SISO de la figure 1-4 sont identiques. Chaque SISO lit les sorties pondérées du canal pour tous les bits codés, l'entrelaceur permute seulement les observations des bits d'information du premier SISO vers le deuxième SISO. Le but de l'entrelaceur est de disperser les erreurs arrivées en rafale qui sont difficilement détectable par les décodeurs SISO [12].

L'information extrinsèque calculée par le premier décodeur est entrelacée puis injectée comme information à priori à l'entrée du deuxième décodeur, après avoir acquis une information sur le bit qui va être décodé. Le deuxième décodeur va pouvoir corriger à chaque itération un nombre d'erreurs que le premier décodeur n'a pas pu faire. Les bits code ne changent pas en fonction des itérations, seules les informations extrinsèques et les probabilités à priori changent d'une itération à l'autre. Afin d'accroître l'efficacité du premier décodeur, l'information extrinsèque du deuxième décodeur devient, à l'itération suivante, comme information *a priori* pour le premier décodeur. Les deux décodeurs vont fournir à leurs sorties des décisions pondérées par une mesure de fiabilité (sous forme du logarithme du rapport de vraisemblance) donnée par :

$$L(\hat{u}_k) = \ln(\frac{p(u_k = 1|observation)}{p(u_k = 0|observation)}) \tag{1.17}$$

On a donc à la sortie de chaque décodeur les informations suivantes :

$$L_1^i(\hat{u}) = Le_1^i(\hat{u}) + L_cY + La_1^i(\hat{u})$$

$$\overset{i}{2}(\hat{u}) = Le_2^i(\hat{u}) + L_cY + La_2^i(\hat{u}) \tag{1.18}$$

où i est le nombre d'itération.

Plusieurs algorithmes de décodage à sorties pondérées ont été proposés, tel que l'algorithme MAP, LogMAP, MaxLogMAP et SOVA. L'algorithme MAP (Maximum A Posteriori), dont la caractéristique principale, comme celle du SOVA, est de fournir une mesure de fiabilité sous forme probabiliste (métrique) sur chaque symbole décodé [13] est considéré comme celui le plus optimal. Nous allons utiliser, dans cette étude, l'algorithme MAP [7] pour le décodage des codes convolutifs récursifs systématiques concaténés. Nous présenterons dans ce qui suit, les performances d'un tel algorithme.

Performances des turbo-codes convolutifs sur un canal de Gauss

Pour évaluer les performances de l'algorithme MAP, nous avons considéré la concaténation parallèle de deux codeurs convolutifs récursifs systématiques identiques C(2,1,4) dont le rendement est $\frac{1}{2}$, et de polynômes générateurs (037,021). L'entrelaceur utilisé est de l'UMTS de taille égale à 20*32. Les résultats obtenus par simulation sont sur la figure 1-5. Cette figure représente la variation du taux d'erreurs sur les bits TEB en fonction du rapport signal à bruit $\frac{E_b}{N_0}(dB)$, dans le cas d'une transmission sur canal de Gauss sans codage correcteur d'erreurs et celui d'une transmission utilisant le turbo code convolutif précédemment décrit.

Par rapport à une transmission sans codage correcteur d'erreurs sur un canal de Gauss, le gain apporté par le turbo code convolutif considéré peut atteindre 3.75 dB pour un taux d'erreurs binaires proche de 10^{-2} à la quatrième itération.

La figure 1-5 montre qu'il y a un gain considérable entre les itérations. En effet, pour un TEB égal à 10^{-3} , on a un gain de 1.5 dB entre la première et la deuxième itération, de

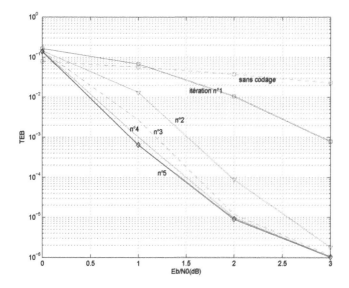

FIGURE 1.5 – *TEB en fonction du rapport signal à bruit pour un turbo décodage selon l'algorithme MAP (RSCs C(2,1,4) de rendement $\frac{1}{2}$ et de polynômes générateurs(037,021))*

0.5 dB entre la deuxième et la troisième et de quelques centièmes de dB entre la quatrième et la cinquième. On a donc un gain de 2 dB entre la première et la cinquième itération. Le décodage itératif permet donc d'améliorer les performances en fonction des itérations.

Pour un rapport signal à bruit égale à 3 dB, le taux d'erreurs binaires est très faible (de l'ordre de 10^{-6}) à la cinquième itération, ce qui permet d'assurer une transmission de données très fiable.

1.6 Conclusion

Dans ce chapitre, nous avons décrit les éléments qui constituent une chaîne de transmission numérique, rappelé quelques fondements de la théorie de l'information et quelques méthodes de codage de source et de canal dont le turbo-codage convolutif. Nous avons décrit le principe du turbo décodage itératif et observé le gain en performances qu'il peut apporter.

Rappelons que le codage de source et de canal sont deux fonctions essentielles dans tous les systèmes de communication. La plupart des systèmes existants optimisent ces deux blocs indépendamment en se fondant sur le théorème de séparation de Shannon. Cependant vu la complexité du codeur/décodeur et les limitations pratiques, on reste loin des performances théoriques préconisées par le théorème de Shannon. Ainsi il paraît avantageux d'optimiser conjointement le codage/décodage source-canal. Nous utiliserons dans le chapitre suivant, un algorithme de décodage reposant sur ce principe et nous comparerons ses performances à celles d'un système de transmission classique (sans décodage conjoint source-canal).

Chapitre 2

Décodage conjoint source-canal avec estimation des statistiques de la source

2.1 Introduction

Le décodage conjoint source canal permet d'améliorer la qualité du message restitué au destinataire, en exploitant la redondance résiduelle présente après compression de la source. Pour cela, le décodeur a besoin d'informations *a priori* sur les statistiques de la source. De nombreux travaux dans le domaine font l'hypothèse que ces statistiques sont connues au niveau du décodeur. Cette hypothèse est toutefois peu réaliste en pratique. Ainsi, il serait intéressant d'estimer les statistiques de la source au niveau du décodeur.

Nous réaliserons, dans ce chapitre, un décodage conjoint source canal avec estimation des statistiques de la source par l'algorithme de Baum-Welch. Nous commencerons par décrire le principe de cet algorithme, puis nous l'appliquerons ensuite pour le décodage d'une source gaussienne corrélée, et enfin pour un système de transmission d'images, basé sur une décomposition en ondelettes de l'image source suivi d'un codage DPCM de la sous bande des plus basses fréquences et d'un codage SPIHT des sous bandes des hautes fréquences. Nous comparerons dans chaque cas, les performances du décodage conjoint source-canal à celle d'un décodage classique.

2.2   L'algorithme de Baum-Welch

2.2.1   Principe de l'algorithme de Baum-Welch

L'algorithme de Baum-Welch, proposé par ses auteurs en 1967 [8], est dérivé de l'algorithme EM (Expectation Maximisation). Dans ce dernier, l'objectif est de maximiser (ou minimiser) une probabilité du type $P(X/M)$, d'un modèle probabiliste (Markovien dans notre cas).

Une maximisation en mathématiques est généralement la solution de l'équation :

$$\frac{\partial P(X/M)}{\partial \lambda} = 0 \qquad (2.1)$$

où λ est le vecteur de variables paramètres du modèle M.

La résolution de ce type d'équation est généralement difficile à réaliser dans la pratique. D'où la nécessité de l'utilisation d'algorithmes itératifs, comme l'algorithme EM qui permet d'estimer de manière assez précise et rapide la solution optimale de l'équation.

Dans un contexte de communications numériques, étant donnée un ensemble de séquence d'observations O et un modèle initial λ, l'algorithme de Baum-Welch (ou EM) repose sur l'estimation *a posteriori* de chaque bit constituant la séquence d'information en utilisant la corrélation existante dans cette séquence. Il entreprend une ré-estimation des paramètres du modèle de manière à augmenter la vraisemblance de génération de la séquence d'observation. La maximisation de la vraisemblance $P(O/\lambda)$ peut donc se voir comme l'optimisation du modèle λ sachant que l'on a observé la séquence O.

2.2.2   Les étapes de l'algorithme de Baum-Welch

On considère la transmission d'une séquence de symboles de longueur T sur un canal bruité sans mémoire, soit un canal binaire symétrique de probabilité d'erreur p.

La séquence de données émise par la source est transformée en une séquence de bits. Cette séquence n'est pas directement observable à cause de la corruption introduite par le canal, mais la séquence reçue représente les observations qui sont des fonctions probabilistes des états de la source. Cette situation peut être directement interprétée comme étant une chaîne de Markov cachée d'ordre 1 (On rappelle qu'une telle chaîne est dite d'ordre 1 si le symbole émis à l'instant t ne dépend que du symbole émis à l'instant $t - 1$), dont les états sont les symboles de la source qui peuvent prendre uniquement K valeurs ; K étant la taille de l'alphabet de la source.

De part le caractère caché des états d'un modèle Markovien, les différents paramètres du modèle sont eux aussi à déterminer et à estimer. L'algorithme de Baum-Welch s'avère particulièrement efficace dans l'estimation des paramètres d'une telle chaîne.

Soit I = $\{i_0, i_1, , i_t, , i_{T-1}\}$ la séquence émise par la source, et soit O = $\{o_0, o_1, ., o_t, .o_{T-1}\}$ la séquence d'observations (séquence reçue du canal). Soit le modèle de Markov défini par K,T,A,B et Π ,où :

K = nombre d'états,

T = longueur de la séquence,

A = matrice de transition de la source : $a_{i,j} = P(I_t = j|I_{t-1} = i)$; $0 \leq$ i,j $\leq$ K-1 ;

B = matrice de transition du canal : $b_{i,j} = P(O_t = j|I_t = i)$; $0\leq$ i,j $\leq$ K-1 ;

Π = distribution initiale de la source : $\Pi_i = P(I_0 = i)$; $0\leq$ i $\leq$ K-1 ;

Dans notre cas (cas où le canal est binaire symétrique), la probabilité de transition du canal se calcule pour un code à longueur fixe de L bits, par l'équation suivante :

$$P(O_t = j|I_t = i) = (1 - P_e)^{L-d_h(i,j)} P_e^{d_h(i,j)}, 0 \leq i, j \leq K - 1 \qquad (2.2)$$

où P_e est la probabilité d'erreur binaire du canal et d_h la distance de Hamming entre i et j.

L'algorithme de Baum-Welch permet, à partir des observations bruitées qui sont des fonctions probabilistes des états de la source, de déterminer à chaque instant le symbole le plus vraisemblable *a posteriori*, en calculant la probabilité que le symbole émis à l'instant t soit i sachant que la séquence reçue est $O = o$. Cette probabilité est notée $\gamma_t(i)$:

$$\gamma_t(i) = P[I_t = i|O = o] \qquad (2.3)$$

Afin de calculer cette probabilité, l'algorithme"Forward-Backward" a été conçu. Dans ce qui suit, nous allons donner une description de cet algorithme.

L'algorithme "Forward"

Le premier algorithme utilisé par l'algorithme Baum-Welch est l'agorithme Forward. Cet algorithme délivre deux informations : $P(O/\lambda)$ et $\alpha_t(i)$ où $\alpha_t(i)$est la probabilité de la suite d'observations partielle $(o_0, o_1, ..., o_t)$, se terminant (à l'instant t) à l'état i :

$$\alpha_t(i) = P[O_0 = o_0, O_1 = o_1, ..., O_t = o_t, I_t = i|\lambda] \qquad (2.4)$$

et $P(O/\lambda)$, la probabilité d'apparition de la séquence observée O, avec le modèle courant λ :

$$P(O/\lambda) = \sum_{i=0}^{K-1} \alpha_{T-1}(i) \tag{2.5}$$

L'algorithme Forward se déroule ainsi :

$$\alpha_0(i) = \pi_i b_{i,o_0}; 0 \leq i \leq K-1$$

$$\alpha_t(i) = (\sum_{k=0}^{K-1} \alpha_{t-1}(k) a_{k,i}) b_{i,o_t}; 0 \leq i \leq K-1, 1 \leq t \leq T-1 \tag{2.6}$$

En effet, l'algorithme Forward place dans un premier temps, dans la première ligne α_0 de la matrice α, la probabilité d'obtenir l'état caché i sachant que l'on a observé le symbole o_0, (avec Π_i la probabilité d'avoir l'état i en premier, et $b_i(o_0)$ la probabilité d'observer o_0 lorsque l'état i est apparu).

Par la suite, l'algorithme détermine la t ème ligne suivante, en s'appuyant sur la $t-1$ ème ligne de la matrice α. La récursivité permet ainsi d'obtenir $\alpha_{t+1}(j)$, tel que $\alpha_{t+1}(j)$ soit égale à la somme des probabilités d'avoir observer les t premiers symboles suivant tous les chemins des états cachés possibles, et de passer à l'état j, en observant le symbole o_{t+1} à l'instant $t+1$.

De plus, il est important de remarquer que la somme des termes de la dernière ligne de la matrice α représente la probabilité $P(O/\lambda)$, puisque la dernière ligne représente la chaîne entièrement observée.

L'algorithme Backward

Le deuxième algorithme utilisé par l'algorithme Baum-Welch est l'agorithme Backward. Cet algorithme délivre l'information : $\beta_t(i)$.

$\beta_t(i)$ peut se voir comme la probabilité d'observer la suite partielle $(o_{t+1}, o_{t+2}, ..., o_{T-1})$, qui commence à l'instant $t+1$ et se termine (à l'instant t) à l'état i :

$$\beta_t(i) = P[O_{t+1} = o_{t+1}, O_{t+2} = o_{t+2}, ..., O_{T-1} = o_{T-1}, I_t = i|\lambda] \tag{2.7}$$

l'algorithme Backward se détermine ainsi :

$$\beta_{T-1}(i) = 1; 0 \leq i \leq K-1$$

$$\beta_t(i) = (\sum_{k=0}^{K-1} \beta_{t+1}(k) a_{i,k}) b_{k,o_{t+1}}; 0 \leq i \leq K-1, 0 \leq t \leq T-2 \tag{2.8}$$

Ainsi, contrairement au Forward, la dernière ligne de la matrice β, correspond à l'observation du premier symbole o_0, l'avant dernière ligne pour l'observation des deux premiers symboles $o_0 o_1$ et ainsi de suite jusqu'à la première ligne où la séquence entière est considérée. L'algorithme fonctionne également de manière récursive et peut aussi fournir une estimation correcte de $P(O/\lambda)$.

$$P(O/\lambda) = \sum_{i=0}^{K-1} \beta_0(i) \qquad (2.9)$$

A partir des variables $\alpha_t(i)$ et $\beta_t(i)$, nous sommes en mesure de calculer la vraisemblance $P_t(O/\lambda)$ de la séquence d'observation O, pour le modèle λ, à chaque instant t :

$$P_t(O/\lambda) = \sum_{i=0}^{K-1} \alpha_t(i)\beta_t(i) \qquad (2.10)$$

Estimation de la matrice de transition de la source et des probabilités *a posteriori* des symboles

Nous rappelons que le but de cet algorithme est de maximiser la vraisemblance du modèle, ce qui modifie substantiellement ses paramètres. Ainsi l'algorithme de Baum-Welch réalise son optimisation en ré-estimant les différents paramètres (A, B et Π), suivant la séquence observée.

Dans cette étude, nous nous sommes situés dans le cas où la matrice de transition du canal et la distribution initiale sont connues. Nous allons donc estimer la matrice de transition de la source. Pour estimer cette matrice, une procédure itérative a été utilisée. D'où la nécessité d'introduire un nouveau paramètre $\psi_t(i,j)$ représentant la probabilité que la source soit dans l'état i à l'instant t et dans l'état j à l'instant $t+1$ conditionnellement à la séquence d'observation O et au modèle λ :

$$\psi_t(i,j) = P[I_t = i, I_{t+1} = j | O, \lambda] \qquad (2.11)$$

Le calcul des coefficients de la matrice Ψ est rapidement réalisé grâce aux deux matrices de paramètres α et β , délivrées par les algorithmes Forward et Backward.

$$\psi_t(i,j) = \frac{\alpha_t(i)a_{i,j}b_{j,o_{(t+1)}}\beta_{t+1}(i)}{P_t(O/\lambda)} \qquad (2.12)$$

Ainsi on peut calculer les coefficients γ de la matrice Γ qui représentent la probabilité a posteriori du symbole i à l'instant t :

$$\gamma_t(i) = \sum_{j=0}^{K-1} \psi_t(i,j) = \frac{\alpha_t(i)\beta_t(i)}{P_t(O/\lambda)} \qquad (2.13)$$

En faisant la somme sur t de $\Gamma_t(i)$, on peut interpréter le résultat comme étant le nombre de fois où l'état i de la source est visité. De même la sommation sur les t de $\psi_t(i,j)$ représente le nombre de transitions de l'état i à l'état j. Ainsi, on peut réestimer la matrice de transition de la source comme suit :

$$a_{i,j} = \frac{\sum_{t=0}^{T-2} \psi_t(i,j)}{\sum_{t=0}^{T-2} \gamma_t(i)} \qquad (2.14)$$

Après avoir réestimer le paramètre A du modèle d'origine, l'algorithme recalcule la vraisemblance du nouveau modèle. Il va ensuite ré-itérer les différentes opérations de réestimation avec ce nouveau modèle(on calcule de nouveau les valeurs de α et β), tant que la vraisemblance courante n'est pas maximale. Il faut donc partir d'une matrice A initiale pour calculer et mettre à jour cette matrice par la suite.

Donc, le point délicat de cet algorithme réside dans l'initialisation de la matrice de transition de la source, car l'algorithme converge vers l'ensemble des extremums locaux de la vraisemblance des observations mais il n'y a aucune garantie de converger vers l'ensemble des extremums globaux de la vraisemblance. Ainsi, selon les valeurs initiales, l'algorithme peut converger plus ou moins rapidement ou même ne pas converger du tout. Il est également impossible de déterminer théoriquement le nombre d'itérations nécessaires pour la convergence. On va donc le fixer expérimentalement (lorsqu'il n'y a plus d'amélioration dans les performances on s'arrête).

Pour l'initialisation de la matrice de transition de la source, deux cas seront considérés :

- 1^{er}cas : La probabilité de transition de l'état i vers l'état j (modéle indépendant) est égale à la probabilité de l'état j :

$$P[I_t = j | I_{t-1} = i] = P[I_t = j] \qquad (2.15)$$

Ce modèle nécessite la connaissance par le décodeur des probabilités *a priori* des symboles de la source (K valeurs de probabilités).

- 2^{me}cas : la probabilité de transition de l'état i vers l'état j (modéle indépendant et équiprobable) est égale à $\frac{1}{K}$. Ce modèle ne nécessite aucune connaissance *a priori* des statistiques de la source par le décodeur.

Une fois on a calculé les probabilités *a posteriori* à la sortie de l'algorithme de Baum-Welch, il ne reste plus qu'à déterminer à chaque instant t la valeur $\hat{i}$ maximisant $\gamma_t(i)$:

$$\hat{i} = argmax_{0 \leq i \leq K-1}\{\gamma_t(i)\} \tag{2.16}$$

$\hat{i}$ est la valeur du symbole le plus vraisemblable à l'instant t qui sera décodé.

2.3 Mise en oeuvre du décodage conjoint source canal dans le cas d'une source gaussienne markovienne

2.3.1 Présentation de la chaîne de transmission avec décodage conjoint source canal

Pour pouvoir évaluer les performances du décodage conjoint, nous avons considéré deux chaînes de transmission la première est celle de référence avec codage-décodage tandem (classique) la deuxième est celle avec décodage conjoint source-canal (DCSC(EM)). L'algorithme de Baum Welch (estimant les probabilités de transition de la source) a été utilisé afin de réaliser le décodage conjoint. Nous avons évalué les performances de ces chaînes pour un canal binaire symétrique (CBS).

Le diagramme en blocs de la chaîne de transmission avec décodage conjoint source canal considérée est donné par la figure 2-1.

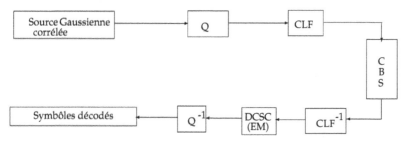

FIGURE 2.1 – *Chaîne de transmission avec décodage conjoint source-canal(DCSC)*

La source utilisée est gaussienne markovienne d'ordre 1. Nous avons choisit une telle source puisqu'elle s'approche du modèle des sources réelles. La caractéristique markovienne signifie que cette source présente une redondance résiduelle apportant une information sup-plémentaire pour le récepteur et peut être exploitée pour corriger certaines erreurs intro-duites par le canal, dans le cas du décodage conjoint.

Cette source génère une séquence de 360 symboles. Ces derniers subissent une quanti-fication scalaire uniforme (Q) de pas 1 sur l'intervalle [-3,3]. Les symboles quantifiés appar-tiennent à un alphabet de taille 7. Le codeur à longueur fixe (CLF) associe à chaque symbole quantifié un mot binaire de 3 bits. En sortie du canal, et à la réception, la séquence d'obser-vations subit les transformations inverses de celles de l'émission. Les résultats de simulation d'une telle chaîne sont représentés dans la figure 2-2.

Dans un premier temps, nous nous sommes placés dans un cas idéal où nous supposons connue la matrice de transition de la source au récepteur. L'algorithme "Forward-Backward", aussi appelé BCJR [7] est utilisé à ce niveau. Nous avons ensuite essayé d'estimer cette ma-trice à l'aide de l'algorithme itératif de Baum-Welch. Nous allons donc comparer les perfor-mances des chaînes de transmission sans décodage conjoint source-canal et avec décodage conjoint source-canal avec connaissance parfaite des statistiques de la source (algorithme BCJR) et avec estimation de celles-ci (algorithme de Baum-Welch).

2.3.2   Evaluation des performances sur un canal binaire symétrique

Performances en terme du PSNR

Les performances des chaînes considérées sont évaluées en déterminant la variation du PSNR (Peak Signal to Noise Ratio) de la séquence décodée en fonction de la probabilité d'erreur P_e sur le canal binaire symétrique. Le PSNR (dB) est donné par la relation suivante :

$$PSNR = 10 \log_{10} \frac{S^2_{k_{max}}}{\sum_{k=0}^{T-1}(S_k - \hat{S}_k)^2} \qquad (2.17)$$

où

- S_k est le k^{me} symbole de la séquence émise ;
- $\hat{S}_k$ est le k^{me} symbole de la séquence décodée ;
- T est la longueur de la séquence ;
- $S_{k_{max}}$ est la valeur maximale de S_k avec $0 \leq k \leq T-1$.

La figure 2-2 donne les performances de l'algorithme de Baum-Welch en terme de PSNR, en fonction de la probabilité d'erreur binaire P_e du canal binaire symétrique. Les courbes représentées sur cette figure sont :

- La courbe PSNR=f(Pe) pour une chaîne avec décodage conjoint source-canal dans le cas d'une connaissance parfaite de la matrice de transition de la source.
- La courbe PSNR=f(Pe) pour une chaîne sans décodage conjoint source-canal
- La courbe PSNR=f(Pe) pour une chaîne avec décodage conjoint source-canal dans le cas d'une estimation de la matrice de transition de la source à l'aide de l'algorithme de Baum-Welch avec un nombre d'itérations égale à 2.
- La courbe PSNR=f(Pe) pour une chaîne avec décodage conjoint source-canal dans le cas d'une estimation de la matrice de transition de la source à l'aide de l'algorithme de Baum-Welch avec un nombre d'itérations égale à 3.
- La courbe PSNR=f(Pe) pour une chaîne avec décodage conjoint source-canal dans le cas d'une estimation de la matrice de transition de la source à l'aide de l'algorithme de Baum-Welch avec un nombre d'itérations égale à 4.
- La courbe PSNR=f(Pe) pour une chaîne avec décodage conjoint source-canal avec estimation de la matrice de transition de la source à l'aide de l'algorithme de Baum-Welch, dans le cas d'un modéle initial indépendant et identiquement distribué (iid) avec un nombre d'itérations égale à 4.

Notons que pour une probabilité d'erreur fixée, le PSNR est plus élevé dans le cas d'une transmission avec décodage conjoint source-canal avec connaissance parfaite des statistiques de la source. Les performances du décodage conjoint avec estimation des probabilités de transition de la source sont certes, moins bonnes que celles obtenues avec connaissance parfaite des statistiques de la source, mais présentent, par rapport à un décodage classique, un gain en PSNR qui peut atteindre les 7 dB pour une probabilité d'erreur binaire de 10^{-1}.

Nous remarquons également que le gain apporté par le DCSC augmente considérablement en fonction de la probabilité d'erreur sur le canal. Les performances de la chaîne de transmission avec DCSC sont d'autant meilleures que le canal de transmission est perturbé.

Notons aussi que les performances d'une transmission, avec décodage conjoint source-canal avec estimation des statistiques de la source, dans le cas d'un modèle iid (2^{me}cas), sont moins bonnes que celles obtenues dans le (1^{er}cas), et meilleures que celles apportées par rapport au décodage classique sur un canal bruité.

Nous remarquons enfin, pour l'algorithme de Baum-Welch, qu'au bout de trois itérations, on n'a plus d'amélioration de performances. Dans ce qui suit, nous allons fixer le nombre d'itérations à trois pour relever les performances de cet algorithme.

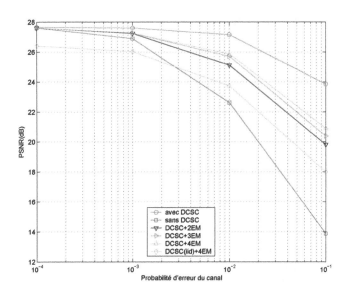

FIGURE 2.2 – *Variation du PSNR en fonction de Pe pour les chaînes de transmission sans DCSC, avec DCSC et avec DCSC+estimation*

Dans ce qui suit, nous allons essayer de valider cette technique de décodage conjoint en l'appliquant à un système de transmission d'images.

2.4   Mise en oeuvre du décodage conjoint source canal dans le cas d'une transmission d'image

L'utilisation des données sous leurs formes numériques ne serait pas possible sans la compression, pour cela avant d'appliquer les techniques de décodage conjoint pour l'image, il est indispensable qu'elle soit comprimée.

La majorité des algorithmes performants de compression d'images utilisent une transformation, appliquée à l'image originale, ayant pour rôle de concentrer l'énergie sur un ensemble de coefficients aussi restreint que possible, une quantification remplaçant les valeurs réelles des coefficients par des valeurs discrètes, et enfin un codage entropique des valeurs quantifiées résultantes[4].

Selon le choix du type de transformation, de quantification et de codage que de nombreux schémas de compression ont été proposés ; la majorité de ces scémas utilisent les transformations linéaires. Parmi les transformations les plus anciennes, figure la transformation de Fourier, qui permet de réaliser la décomposition d'un signal dans une base constituée d'un ensemble de fonctions cosinus et sinus. Cependant ces techniques sont plus adaptées à des signaux qui présentent des oscillations régulières, comme la parole ou les signaux audio, et présentent quelques inconvénients pour les images comprimés avec de forts taux de compression [16]. Une nouvelle alternative mieux adaptée au codage d'images a vu le jour : la transformée en ondelettes discrètes (DWT).

2.4.1 Principe d'ondelettes et multirésolution

En 1910, Haar a défini les fonctions portant son nom, ce que l'on peut considérer comme les premières ondelettes. Toutefois, ce n'est qu'au début des années 1980 que l'analyse en ondelettes est introduite et utilisée par Jean Morlet[21]. Dés lors, un ensemble d'outils mathématiques a été mis en place et de nombreuses applications, dont la compression d'image, se sont développées. En effet, les schémas de codages d'images en sous bandes ont permis d'améliorer significativement les taux de compression.

La transformée en ondelettes discrète provient de l'analyse multi-résolution qui a été développée par Stéphane Mallat et Yves Meyer[17]. Comme son nom l'indique, le but de cette théorie est de décomposer un signal f suivant différentes résolutions. En effet un algorithme récursif de décomposition a été conçu pour déterminer, à partir d'une approximation de f à une échelle donnée, l'approximation à la résolution immédiatement inférieure, et les détails correspondant. On procède ainsi à une décorrélation de l'information qu'il contient. Les hautes résolutions représentent les hautes fréquences et les basses résolutions représentent les basses fréquences.

L'avantage de la représentation multirésolution réside dans la dualité contenu-fréquence. Contrairement à la transformée de Fourier qui projette le signal dans l'espace des fréquences, l'analyse multirésolution représente le signal conjointement dans son espace réel et dans son domaine fréquentiel. Ainsi, des propriétés topologiques (orientations, agencement du contenu) sont ainsi conservées après la transformation multirésolution d'une image. Le codeur qui est basé sur une telle transformation peut ainsi prendre en compte la redondance spatiale et fréquentielle de l'image est ainsi être plus efficace.

L'étape qui permet la décomposition d'une image en sous-bandes est appelée analyse, elle s'effectue en utilisant deux filtre à réponse impulsionnelle finie, l'un passe-haut, l'autre passe-bas. La reconstruction de l'image, aussi appelée synthèse, nécessite également l'utilisation de deux filtres[18].

La figure 2-3 présente la décomposition en sous bandes de l'image sur trois niveaux en utilisant la transformée en ondelettes discrète de telle sorte que la bande B1 représente la bande des plus basses fréquences (BBF) qui porte l'information importante de l'image, donc qu'on veut protéger le mieux possible contre les erreurs de transmission et pour laquelle on va appliquer les techniques de décodage conjoint. Les sous-bandes de résolutions supérieures (des plus hautes fréquences (BHF)) constituent les détails de l'image.

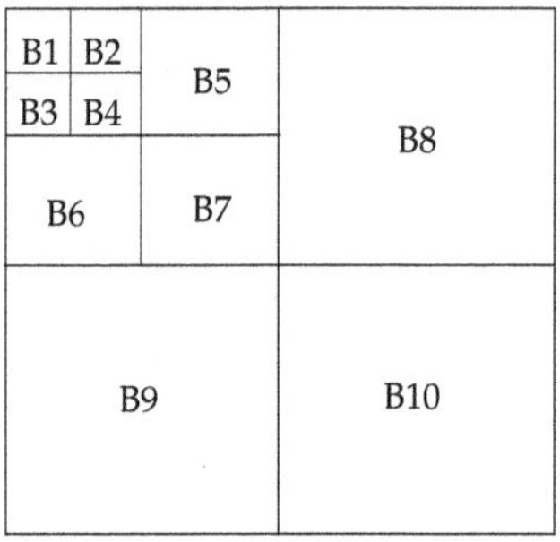

B1	B2	B5	
B3	B4		B8
B6		B7	
	B9		B10

FIGURE 2.3 – *Décomposition en ondelette d'une image sur 3 niveaux*

Les codeurs utilisant une transformée en ondelettes construisent des schémas de codage efficaces pour prendre en compte les corrélations des coefficients en ondelettes. Les premiers codeurs se sont intéressés aux redondances entre les différentes échelles. Le premier proposé est le codeur par arbre de zéro de Shapiro[19], affiné par le codeur SPIHT de Said et Pearlman[20]. Ce dernier introduit un nouveau partitionnement issus de la transformation en ondelettes de l'image originale, permettant d'atteindre d'excellents taux de compression sans l'utilisation d'un codage entropique, ce qui réduit nettement la complexité du traitement et, par conséquent, les temps de calcul. Malheureusement cet algorithme est très sensible aux erreurs de transmission, d'où l'idée d'introduire une modification de cet algorithme, permettant l'application des techniques de DCSC déjà étudiées.

Nous utiliserons dans ce qui suit, un algorithme de compression d'image reposant sur la décompositon en ondelettes de l'image source suivi d'un codage DPCM de la sous bande des plus basses fréquences (BBF) et d'un codage SPIHT des sous bandes des hautes fréquences (BHFs). Nous appliquerons les techniques de décodage conjoint, décrites dans la première partie de ce chapitre, uniquement aux données issues du codage DPCM de la BBF. Les données issues du codeur SPIHT sont, en effet, très peu corrélées, et ne permettent pas l'application d'un décodage conjoint efficace.

2.4.2 Performances du décodage conjoint source-canal

Chaîne de transmission d'images simulée

Nous réalisons, en premier lieu, une décomposition en ondelettes. Nous obtenons une sous bande des plus basses fréquences (BBF) de taille $\frac{N}{2^p} * \frac{N}{2^p}$ coefficients où p est le nombre de niveaux de décomposition et $N * N$ est la taille de l'image.

Dans notre cas, nous avons choisi l'image Lena de taille $512 * 512$ pixels et nous avons appliqué une décomposition en ondelettes sur 3 niveaux. La matrice représentant la bande des plus basses fréquences comporte $64 * 64$ coefficients. Ainsi on peut coder différemment les hautes et les basses fréquences de l'image.

Le système de transmission d'images que nous avons étudié est représenté par la figure 2-4.

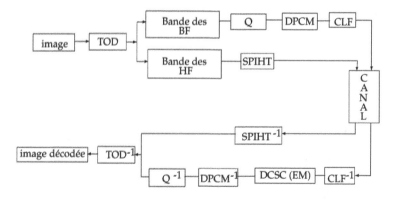

FIGURE 2.4 – *Système de transmission d'image avec décodage conjoint source canal*

Codage des coefficients de la bande des basses fréquences   Les 4096 (64*64) coefficients de la bande des basses fréquences sont quantifiés par un quantificateur scalaire uniforme (Q) où chaque coefficient est représenté sur 6 bits, donc la taille de l'alphabet est égale à $2^{6+1} = 128$ symboles, puis codés par un DPCM (Differential Pulse code Modulation)[16]. A la sortie du DPCM les coefficients sont compris entre -64 et +64, on les décale de 64 pour qu'ils soient positifs.

Chaque symboles des 4096 coefficients résultants, est codé sur 7 bits par un code à longueur fixe (CLF). Nous obtenons donc une trame binaire de 28672 bits qui sera par suite transmise sur un canal binaire symétrique (CBS). Les techniques de décodage conjoint sans et avec estimation des statistiques de la source seront enfin appliquées à cette trame.

Codage des coefficients des bandes des hautes fréquences   Les coefficients des bandes de hautes fréquences sont codés à l'aide de l'algorithme SPIHT. Le nombre de bits par coefficient dépend de la sous bande où se trouve le coefficient en question. A la sortie du SPIHT, on a une trame binaire qui est transmise à travers le canal et seront enfin décodés par le SPIHT.

Toutes les sous bandes sont enfin regroupées et subissent une transformation en ondelettes inverse, pour former enfin l'image décodée.

Evaluation des performances

Pour pouvoir visualiser l'apport du décodage conjoint nous avons comparé les performances en terme du PSNR de la sous bande des plus basses fréquences (PSNR-BBF) des deux chaînes sans et avec décodage conjoint avec un débit fixé à 1 bpp (bit par pixel) et 3 niveaux de décomposition. La chaîne sans décodage conjoint est considérée comme celle de référence.

Les résultats des simulations sont donnés sur la figure 2-5

Notons que nous intéresserons à la comparaison de la chaîne de référence, avec la chaîne comportant un décodage conjoint source-canal avec estimation des statistiques de la source (DCSC+ EM), puisque c'est le cas le plus réalisable en pratique.

D'après les courbes représentées sur la figure 2-5, nous remarquons l'apport considérable du décodage conjoint pour la bande des basses fréquences (BBF). En effet, pour une probabilité d'erreur de 10^{-4} nous avons un gain en PSNR-BBF de l'ordre de 5dB. Ce gain diminue au fur et à mesure que le canal devient moins bruité.

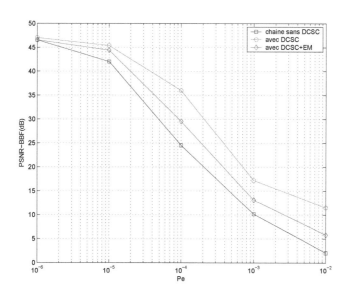

FIGURE 2.5 – *Variation du PSNR des sous bandes des plus basses fréquences en fonction de Pe pour les chaînes de transmissions d'image sans et avec DCSC*

Afin de voir l'effet du décodage conjoint sur la qualité de l'image décodée, nous avons simulé (figure 2-6) la variation du PSNR moyen de l'image, en fonction de la probabilité d'erreur binaire, pour les chaînes sans et avec DCSC.

Nous remarquons que le gain apporté par le décodage conjoint est plus signficatif sur un canal relativement bruité. En effet pour une probabilité d'erreur de 10^{-2}(canal perturbé) nous avons un gain de 4dB en terme de PSNR moyen de l'image, alors que pour une probabilité d'erreur binaire de 10^{-4}(canal peu bruité), nous avons un gain de l'ordre de 1dB. Notons que la qualité de l'image n'est généralement acceptable qu'à partir d'un PSNR supérieur à 25dB. Ainsi l'apport du décodage conjoint n'a pas d'effet significatif sur la qualité de l'image décodée.

Rappelons aussi que nous n'avons appliqué le DCSC que sur la bandelette de taille 64*64 (représentant uniquement 12.5% de la taille totale de l'image), c'est pour cette raison, que l'apport du décodage conjoint sur la BBF ne s'était pas manifesté sur la totalité de l'image.

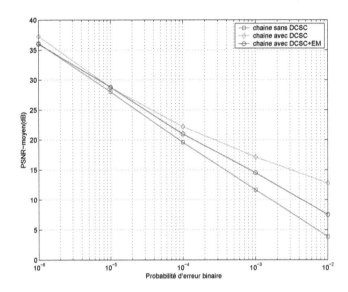

FIGURE 2.6 – *Variation du PSNR moyen en fonction de Pe pour les systèmes de transmissions d'images sans et avec DCSC*

2.5 Conclusion

Ce chapitre nous a permis de mettre en évidence l'amélioration des performances apportée par le décodage conjoint source canal, par rapport à un décodage classique. Dans notre étude, le décodage conjoint est mis en oeuvre par l'algorithme de Baum-Welch qui réestime les probabilités de transition de la source pour déterminer à chaque instant le symbole le plus vraisemblable *a posteriori*.

Dans un premier temps, nous avons considéré une source gaussienne markovienne. L'application du décodage conjoint avec estimation des statistiques de la source, a permis de s'approcher modérément des performances obtenues par ce dernier avec connaissance parfaite de ces statistiques. Nous avons ensuite, appliqué cette technique au données issues du codage DPCM, de la bande des plus basses fréquences(BBF), d'une image compréssée par le principe de décomposition en ondelettes. Un gain significatif en performances a été observé pour la BBF. Toute fois ce gain ne s'est manifesté pour la totalité de l'image que pour un canal relativement perturbé.

Notons que les chaînes de transmission considérées dans ce chapitre ne font appel à aucune forme de codage de canal. Or nous savons que l'introduction d'un code correcteur d'erreurs dans une chaîne de transmission permet de réduire l'impact des perturbations liées au canal, sur la qualité de la transmission. Nous avons alors envisagé l'utilisation d'un code convolutif et le développement d'un schéma de décodage conjoint itératif source-canal, inspiré de celui des turbo-codes convolutifs et estimant les statistiques de la source. Ce schéma sera présenter dans le prochain chapitre.

Chapitre 3

Décodage itératif conjoint source-canal avec estimation des statistiques de la source

3.1 Introduction

Nous venons de voir que le décodage conjoint source-canal mis en oeuvre par l'algorithme de Baum-Welch, permet de réduire le taux d'erreur au décodeur par rapport à un décodage classique et de s'approcher modérément des performances obtenues avec connaissance parfaite des statistiques de la source. Dans le cas d'un système de transmission d'images, le gain apporté par le décodage conjoint ne s'est manifesté sur la totalité de l'image que pour un canal relativement perturbé. D'autre part, le décodage itératif des turbo-codes apporte un gain considérable en performances au fil des itérations. L'idée est donc, d'utiliser la structure des turbo-codes pour réaliser un décodage conjoint itératif source canal estimant les statistiques de la source et améliorant la qualité du décodage.

Dans ce chapitre, nous allons présenter un schéma de décodage itératif conjoint source-canal, permettent une estimation des statistiques de la source au sein du décodeur. Ce schéma sers appliqué au système de transmission d'images déjà étudié. Les performances de ce schéma seront évaluées et comparées à celles d'un schéma de codage/décodage classique.

3.2 Cas d'une source Gaussienne corrélée

3.2.1 Présentation des chaînes de transmission et des schémas de décodage

Afin d'améliorer les performances de l'algorithme de Baum-Welch et augmenter, par conséquent, le gain apporté par le décodage conjoint source canal, nous avons introduit un code correcteur d'erreurs (code convolutif récursif systématique RSCC) dans la chaîne de transmission et procédé à un décodage itératif conjoint source canal basé sur le principe de turbo-codes. Pour se faire, nous avons considéré, en premier lieu, une chaîne de transmission avec codage canal et sans décodage itératif conjoint source-canal. La figure 3-1 présente le diagramme en blocs de cette chaîne utilisée comme chaîne de référence.

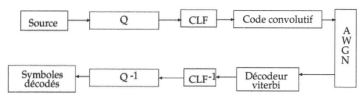

FIGURE 3.1 – *Chaîne de référence (sans décodage itératif conjoint source-canal)*

La source corrélée (Markovienne d'ordre 1) produit une séquence de longueur N= 360 symboles selon une loi gaussienne de moyenne nulle, de variance égale à 1 et de facteur de corrélation égal à 0.9. Chaque symbole subit une quantification scalaire uniforme, un codage à longueur fixe, et un codage convolutif C (2,1,4).

Le flux binaire résultant est transmis par un canal à bruit blanc additif gaussien (AWGN). Le décodage du code convolutif est réalisé à l'aide de l'algorithme de Viterbi.

La séquence binaire produite par le décodeur de canal subit les transformations inverses du codage de source, ce qui permet d'obtenir les symboles décodés.

Comme on l'a déjà montré au premier chapitre, les turbo codes offrent de très bonnes performances et permettent une meilleure correction des erreurs de transmission. Nous utiliserons donc dans cette partie, le principe de turbo décodage, pour réaliser un décodage itératif conjoint source-canal. Pour cela, un entrelaceur est intercalé entre le codeur de source et le codeur de canal.

Le décodage de canal est effectué à l'aide de l'algorithme (MAP)[7] qui fonctionne en horloge bit. Cependant, l'algorithme de Baum-Welch et le BCJR appliqués pour le décodage de source fonctionnent en horloge symbole. Nous avons donc besoin de blocs de conversion, permettant de calculer les probabilités des symboles à partir de celles des bits et vice-versa. La chaîne de transmission considérée est celle représentée par la figure 3-2 :

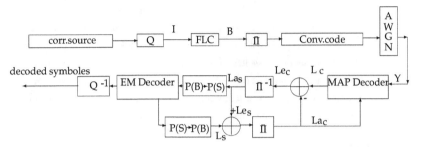

FIGURE 3.2 – *Chaîne de transmission avec décodage itératif conjoint source-canal*

La source, le codeur de source et le codeur de canal utilisés sont identiques à ceux de la chaîne de référence. On note $I = (i_0, ..., i_t, ...i_{T-1})$ la séquence émise par la source (après quantification). Cette séquence est codée en une séquence binaire $B = (B_0, ..., B_t, ...B_{T-1})$ avec $B_t = (b_{t,1}, ..., b_{t,L})$ où L est la longueur d'un mot de code binaire. Cette séquence est entrelacée par un entrelaceur Π, codée puis transmise à travers le canal gaussien. La séquence reçue $Y = (y_0, ..., y_t, ..., y_{T-1})$ avec $y_t = (y_{t,1}, ..., y_{t,l}, ..., y_{t,L})$, constitue l'entrée du décodeur itératif.

L'information a priori La_s à la sortie du désentrelaceur nous apporte de l'information sur les bits. On peut donc calculer la probabilité des bits, mais on sait que l'algorithme de Baum-Welch utilise des probabilités sur les symboles pour estimer le symbole le plus vraisemblable. Nous avons donc besoin du bloc de conversion P(B)→P(S), permettant de calculer les probabilités des symboles à partir de celles des bits . Ainsi, si on désigne la probabilité à l'entrée du bloc P(B)→P(S) par $P_A(b_{t,l} = c)$, où c $\in \{0,1\}$, alors la probabilité d'un symbole i_t est approximé par le produit des probabilités des bits de B_t.

$$P(I_t = i_t|Y_t) = \prod_{l=1}^{L} P_A(b_{t,l} = map_l(i_t)) \quad (3.1)$$

Où

– Y_t est l'observation reçue à l'instant t.

– I_t est le symbole émis à l'instant t.

– $P_A(b_{t,l} = map_l(i_t))$ est la probabilité d'avoir le bit $b_{t,l}(0ou1)$ à l'instant t et à la position l, $map_l(i_t)$ étant le bit de position l du mot de code représentant le symbole i_t.

Cette probabilité P_A est calculée à partir des valeurs de l'information *a priori* La_s :

$$P_A(b_{t,l} = 1) + P_A(b_{t,l} = 0) = 1$$

et

$$La_s(b_{t,l}) = \ln(\frac{P_A(b_{t,l} = 1)}{P_A(b_{t,l} = 0)}) \tag{3.2}$$

Une fois, nous obtenons les probabilités des symboles, nous pouvons appliquer l'algorithme de Baum-Welch. Ce dernier estime à chaque itération les probabilités de transition de la source.

A la sortie du décodeur de source, on a besoin de connaître les probabilités sur les bits pour calculer l'information extrinsèque qui sera délivrée au décodeur de canal. L'algorithme de Baum-Welch utilisé pour le décodage de source nous fournit les probabilités a posteriori des symboles. On applique donc la conversion $P(S) \to P(B)$. La probabilité d'un bit $b_{t,l}$ est obtenue en faisant la somme sur toutes les probabilités des symboles dont ce bit apparaît à la position leur mots de code associés :

$$P(b_{t,l} = c) = \sum_{i/map_l(i)=c} P(I_t = i_t|Y) \tag{3.3}$$

$P(b_{t,l} = c$ est la probabilité d'avoir le bit c $(0ou1)$ à la position l et à l'instant t . Connaissant ces probabilités on peut calculer l'information extrinsèque L_s qui est égale à :

$$L_s(b_{t,l}) = \ln(\frac{P(b_{t,l} = 1)}{P(b_{t,l} = 0)}) \tag{3.4}$$

On retranche de cette information les valeurs de l'information *a priori* La_s afin d'obtenir les valeurs de l'information extrinsèque qui sera délivrée après entrelacement au décodeur de canal comme information a priori La.

Cette procédure sera répétée pour un nombre n d'itérations, on s'arrête lorsqu'il n'y a plus d'amélioration en performances.

3.2.2   Evaluation des performances du décodage itératif conjoint source-canal

Pour pouvoir évaluer les performances de ce schéma de décodage, nous avons tracé l'évolution du taux d'erreur binaire et du taux d'erreurs sur les symboles en fonction du rapport signal à bruit. Les résultats obtenus sont comparés à ceux de la chaîne de référence précédemment décrite et à ceux obtenues par un décodage itératif conjoint, avec connaissance parfaites des statistiques de la source (BCJR)(connaissance de K^2 probabilités.

Les figures 3-3 et 3-4 donnent les performances du décodage itératif conjoint source-canal en termes de TES et TEB, en fonction du rapport signal à bruit sur un canal de Gauss. Nous avons appliqué un code convolutif récursif systématique de polynômes générateurs (37, 21) et de rendement $\frac{1}{2}$, l' entrelaceur utilisé est de taille 20*60. Les courbes représentées sur ces figures sont :

- DICSC :iter 4 : TES = $f(\frac{E_b}{N_0})$ pour une chaîne avec DICSC avec connaissance parfaite des statistiques de la source à la quatrième itération.
- DICSC+EM :iter i : TES = $f(\frac{E_b}{N_0})$ pour une chaîne avec DICSC avec estimation des statistiques de la source à l'itération i.
- chaîne ref : TES = $f(\frac{E_b}{N_0})$ pour une chaîne sans DICSC.

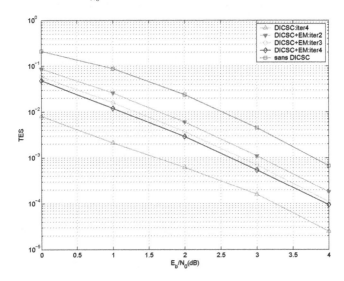

FIGURE 3.3 – *TES en fonction du rapport signal à bruit pour les chaînes de transmission sans et avec décodage itératif conjoint source-canal (sans et avec estimation)*

Nous remarquons, d'après la courbe de la figure 3-3, que l'application du DICSC conduit à une nette amélioration de la qualité de décodage des symboles émis par la source. En effet, pour un canal perturbé, $\left(\frac{E_b}{N_0}\right) = 1dB$, on peut atteindre un TES de l'ordre de 10^{-2} en appliquant le DICSC avec estimation des probabilités de transition de la source à la quatrième itération, alors que pour un décodage classique, le TES est de l'ordre de 10^{-1}.

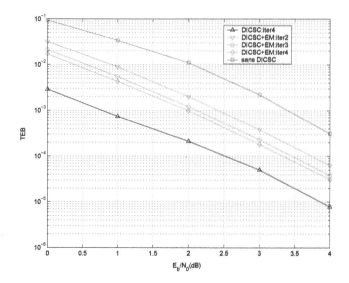

FIGURE 3.4 – *TEB en fonction du rapport signal à bruit pour les chaînes de transmission sans et avec décodage itératif conjoint source-canal (DICSC) (sans et avec estimation (EM))*

La figure 3-4 montre l'apport du décodage itératif conjoint source-canal par rapport à un décodage classique. Nous pouvons atteindre un gain de l'ordre de 2 (dB) pour un taux d'erreur binaire de 2.10^{-3}, à la quatrième itération.

Notons aussi que les performances de la chaîne avec DICSC avec estimation des statistiques de la source (EM) s'approchent considérablement de celles avec connaissance parfaite de ces dernières (BCJR).

Nous appliquerons, dans la suite, ces techniques de décodage itératif conjoint pour un système de transmission d'images.

3.3   Cas d'une transmission d'image

3.3.1   Présentation du système de transmission d'images considéré

Dans cette partie, nous allons considérer un système de transmission d'images, dont le schéma de codage de source est identique à celui décrit dans le paragraphe 2.4.2 du chapitre2. Nous allons appliquer à ce système les techniques du décodage itératif conjoint source-canal décrites dans la première partie de ce chapitre, et comparer ses performances par rapport à un système sans DICSC (considéré comme système de référence).

La figure 3-6 représente le diagramme en blocs du système de référence considéré. Il se compose d'un algorithme de compression d'images de type SPIHT pour les bandes des hautes fréquences et un quantificateur scalaire uniforme (Q), un codeur DPCM et un code à longueur fixe (CLF), pour la bande des basses fréquences.

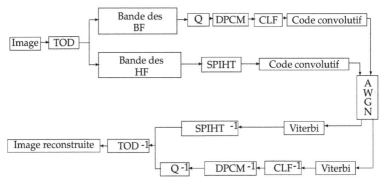

FIGURE 3.5 – *Système de transmission d'images sans décodage itératif conjoint source canal*

Nous avons donc ajouté par rapport à la chaîne de référence étudiée dans le chapitre 2 un code convolutif comme codeur de canal et un décodeur de Viterbi au niveau du décodage.

Le diagramme en blocs du système de transmission d'images proposé est représenté sur la figure 3-7. Le décodage conjoint itératif source canal, est appliqué pour la bande des basses fréquences de l'image considérée.

Pour évaluer l'efficacité de ce système de transmission d'images et comparer ses performances par rapport à un système sans DICSC, nous l'avons testé sur l'image Lena $512 * 512$.

Nous avons utilisé une décomposition en ondelettes à trois niveaux. Les coefficients

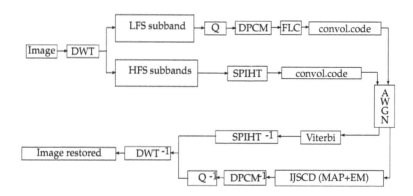

FIGURE 3.6 – *Diagramme en bloc du système de transmission d'image avec décodage itératif conjoint source canal*

d'ondelettes de la bande des basses fréquences sont codés par un quantificateur scalaire uniforme (Q), un codage différentiel (DPCM) et un code à longueur fixe (CLF). La séquence des 28672 bits résultants sont répartis en 32 paquets (chaque paquet comporte 896 bits) et codés ensuite par un codeur canal de type convolutif (RSCC) de polynômes générateurs (37,21) et de rendement $\frac{1}{2}$, et transmis sur un canal de Gauss. La séquence d'observation reçue subit enfin le décodage itératif conjoint source canal (DICSC) ; après trois itérations de décodage (MAP+EM) nous obtenons la séquence décodée.

Les coefficients de la bande des hautes fréquences (HF) sont codés par le SPIHT, assurant une compression de 1bpp, et par le codeur convolutif.

Enfin les coefficients décodés sont regroupés pour former l'image reconstruite après une transformation en ondelettes inverse.

3.3.2 Evaluation des performances du décodage itératif conjoint source-canal pour un système de transmission d'images

Pour

Afin de visualiser l'apport du décodage itératif conjoint nous avons comparé les performances en terme du PSNR de la sous bande des plus basses fréquences (PSNR-BBF) des deux systèmes sans et avec décodage itératif avec un débit fixé à 1 bpp (bit par pixel) et 3 niveaux de décomposition. Rappelons que nous comparons le système de référence à celui avec décodage itératif avec estimation des statistiques de la source(DICSC+EM).

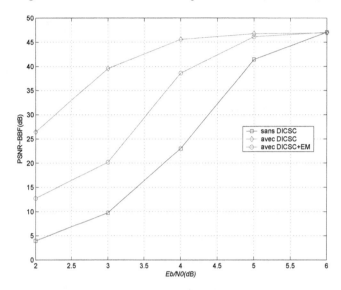

FIGURE 3.7 – *PSNR en fonction du rapport signal à bruit pour les systèmes de transmission d'images sans et avec décodage itératif conjoint source-canal*

La figure 3-8 représente la variation du PSNR de la bande des basses fréquences (PSNR-BBF) en fonction du rapport signal à bruit pour les systèmes sans et avec décodage itératif.

Rappelons que uniquement la sous bande des BF a subit un décodage itératif conjoint source-canal, ceci explique les résultats obtenus par simulation. En effet, nous obtenons un gain significatif en PSNR sur cette bande ; pour un rapport $\frac{E_b}{N_0} = 4dB$ nous avons un gain de l'ordre de 15dB.

Nous présentons dans ce qui suit, l'effet du décodage itératif conjoint sur la totalité de l'image. La figure 3-9 représente la variation du PSNR moyen en (dB) en fonction du rapport signal à bruit pour les systèmes de transmission d'images sans et avec décodage itératif conjoint source canal.

Nous pouvons constater que l'application du décodage conjoint itératif apporte un gain significatif en $\frac{E_b}{N_0}$ par rapport au schéma de décodage classique. Ce gain est de l'ordre de

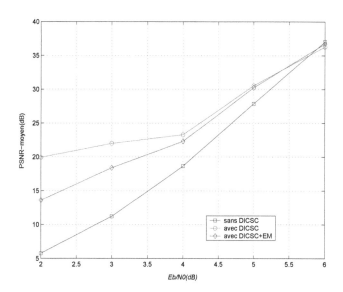

FIGURE 3.8 – *PSNR en fonction du rapport signal à bruit pour les systèmes de transmission d'images sans et avec décodage itératif conjoint source-canal*

4 dB sur le canal de Gauss pour $\frac{E_b}{N_0} = 4dB$. Ce gain s'est manifesté même sur un canal peu bruité. En effet, pour $\frac{E_b}{N_0} = 5dB$ nous avons un gain de 2dB par rapport au système de référence, le PSNR moyen est de l'ordre de 30dB. Ainsi, avec ce schéma de décodage itératif, nous arrivons à améliorer la qualité de l'image décodée.

Nous présentons dans la figure 3-10 l'image Lena compressée à 1bpp et décodée respectivement par les systèmes de transmissions d'images sans DICSC et celui avec DICSC avec estimation des statistiques de la source pour $\frac{E_b}{N_0} = 5dB$.

Du fait qu'elle représente l'information la plus importante de l'image et vu l'efficacité du décodage conjoint, l'application de ce schéma de décodage itératif sur la BBF, nous a permis d'observer une nette amélioration de la qualité de l'image décodée.

(a) Débit=1 bpp, PSNR=34.37 dB   (b) Débit=1 bpp, PSNR=26.27 dB

FIGURE 3.9 – Image Lena décodé respectivement par les systèmes de transmission d'images avec DICSC et sans DICSC

3.4 Conclusion

Ce chapitre a été consacré à l'étude et l'implémentation d'un algorithme de décodage itératif conjoint source-canal avec estimation des statistiques de la source. Ce schéma est mis en oeuvre en utilisant des algorithmes à entrées et sorties pondérées. Son principe est essentiellement inspiré de celui des turbo-codes.

Dans un premier temps les données étaient fournies par une source gaussienne markovienne, nous avons observé un gain considérable par rapport à un schéma de décodage classique. Les performances obtenues avec estimation des statistiques de la source s'approchent considérablement de celles avec connaissance parfaite.

En second lieu, ces techniques de décodage ont été appliquées à un système de transmission d'images basé sur une décomposition en ondelettes de l'image source, suivi d'un codage DPCM de la sous bande des plus basses fréquences et d'un codage SPIHT des sous bandes des hautes fréquences. Les résultats de simulations ont prouvé que l'application du décodage itératif conjoint source-canal, sur les données issues du codage DPCM de la bande des basses fréquences, permet une nette amélioration de la qualité de l'image décodée.

Conclusion générale

Ce projet de mastère a été consacré à l'étude des techniques de décodage conjoint source canal. L'objectif de cette étude est de mettre en oeuvre un algorithme de décodage itératif conjoint source-canal, estimant les statistiques de la source et fonctionnant selon le principe des turbo-codes. Une application de cet algorithme à la transmission d'images est envisagée.

Après avoir rappelé, dans le premier chapitre de ce rapport, quelques notions de base relatives à la communication numérique, et donner quelques modèles de codeurs de source et de canal, nous avons vérifié, dans le second chapitre que des gains considérables en performances peuvent être obtenus, dans le cas d'une source corrélée, en appliquant un décodage conjoint source-canal. Ce dernier a été réalisé en utilisant l'algorithme de Baum-Welch qui estime les statistiques de la source au niveau du décodeur. Seule la corrélation de celle ci a été utilisée pour la correction des erreurs.

Nous avons ensuite appliqué cette technique à un système de transmission d'images, basé sur une décomposition en ondelettes de l'image source suivi d'un codage DPCM de la sous-bande des plus basses fréquences (BBF) et d'un codage SPIHT des sous bandes des hautes fréquences (BHFs). Notons que le schéma de décodage conjoint considéré a été uniquement appliqué aux données issues du codage DPCM de la BBF. Les résultats de simulation ont montré, que par estimation des statistiques de la source, on peut se rapprocher modérément des performances obtenues avec connaissance parfaite de ces statistiques. Par ailleurs, un gain significatif en performances a été observé pour la BBF. Cependant, ce gain ne s'est manifesté sur la totalité de l'image que pour un canal relativement perturbé.

Afin d'améliorer la qualité de transmission, nous avons pensé à introduire un code correcteur d'erreurs et à utiliser le principe de décodage itératif dans les systèmes considérés. Nous avons alors réalisé, dans le troisième chapitre, un schéma de décodage itératif conjoint source-canal, estimant les statistiques de la source, et dont le principe est similaire à celui des turbo-codes. Un code convolutif récursif systématique a été utilisé en codage de canal. Les résultats de simulation ont montré que ce schéma de décodage itératif permet d'obtenir un gain considérable en performances en comparaison avec un schéma de décodage classique dans le cas d'une source gaussienne markovienne et dans le cas du système de transmission d'images considéré. En effet, les résultats obtenus avec estimation sont relativement proches de ceux obtenus dans le cas où les statistiques de la source sont supposées connues.

Parmi les perspectives envisageables pour compléter cette étude, nous pouvons citer l'utilisation d'un code multiplexé [22] au lieu du code à longueur fixe. Les codes multiplexés offrent, en effet, une bonne efficacité de compression et permettent de résoudre les problèmes de perte de synchronisation engendrés par les codes à longueur variable. Nous pouvons également intégrer, dans le système de transmission d'images étudié, un code correcteur d'erreurs pour la protection des données compressés par l'algorithme SPIHT, et ce, afin d'améliorer la qualité globale des images décodées.

Bibliographie

[1] Joseph.Boutros, *Techniques modernes de codage*, Ecole Nationale Supérieure des Télé-communications ENST Bretagne, Mars 2004. Extrait d'un livre sur les communications radio mobiles.

[2] A.Glavieux, M.Joindot, *Communication numérique : introduction*, Ed.Masson, Paris 1996.

[3] Cedric.Duchéne, extrait d'un DEA, TIS2003.

[4] Sonia Zaïbi, *Optimisation conjointe du codage-décodage source-canal pour la transmission d'images*, Thèse de doctorat, ENST Bretagne, Février2004.

[5] Peter.Sweeney, *error control coding from theory to practice*, edition Wiley, UK.

[6] Xavier.Jasper, *Turbo décodage source-canal conjoint*, Projet, Laboratoire de communication et télédétection, Université catholique de Louvain, Juin 2003.

[7] Bel hadj haifa, *Techniques de décodage itératif source-canal*, Projet de fin d'étude, SYS-COM ENIT, Juin 2005.

[8] Florian Agen, Julien Michot, Projet de mathématique :*chaîne de Markov cachées algo-rithme de Baum-Welch*, Ecole polytechnique de l'universié de Tours,2004.

[9] Hamza Rached, *Décodage itératif dans une structure conjointe de Turbo- égalisation*, Thèse de doctorat, Ecole Nationale d'Ingénieurs de Tunis, ENIT,Février2003.

[10] J.C.Bic, D.Duponteil, J.C.Imbeaux, *éléments de communication numérique : transmission sur fréquence porteuse*, édition Dunod ,1986.

[11] W.W Peterson, E.J.Weldon Jr, *Error Correcting Codes*, 2nd édition, Mit Press, 1972.

[12] C.Berrou, A.Glavieux, *Near Optimum Error Correcting Coding and Decoding*, IEEE , 1996.

[13] L.R.Bahl, J.Cocke, F.Jelinek, J.Raviv, *Optimal Decoding of Linear Codes for Minimizing Symbol Error Rate*, IEEE, March 1974.

[14] H.Jegou, C.Guillemot, *Robust multiplexed codes for compression of heterogenous data*, IEEE.

[15] Y.Linde,A.Buzo, R.M.Gray, *An algorithm for vector quantizer design*, IEEE Transactions on communications,1980.

[16] Bruno Torrésani, *Codage et Compression des signaux*, Cours de DESS, Université de Provence Marseille, 2003-2004.

[17] S.G.Mallat, *A theory for multiresolution signal decomposition : The wavelett representation*, IEEE Transactions on Pattern Analysis and Machine Intelligence, 1989.

[18] Patrick Bas, *Compression d'Images Fixes et de Séquences Vidéo*, Laboratoire des Images et des Signaux de Gronoble.

[19] J.M.Shapiro, *Embedded image coding using zerotrees of wavelet coefficients*, IEEE transactions on signal processing, December 1993.

[20] Amir Said and William A.pearlman, *A new fast and efficient image codec based on set partitioning in hierarchical trees*, IEEE Transactions on Circuits and Systems for video Technology, June 1996.

[21] J.Morlet. *wavelet propagation and sampling theory*, Geophysics, 1982.

[22] H.Jegou, C.Guillemot, *Robust multiplexed codes for compression of heterogenous data*, IEEE.